百年古墓挖掘史

郑振铎　朱希祖　著

民主与建设出版社

图书在版编目（CIP）数据

百年古墓挖掘史 / 郑振铎，朱希祖著. --北京：
民主与建设出版社，2023.6
ISBN 978-7-5139-4235-5

Ⅰ.①百… Ⅱ.①郑…②朱… Ⅲ.①墓葬（考古）—
考古发掘—世界 Ⅳ.①K868.8

中国国家版本馆CIP数据核字（2023）第101332号

百年古墓挖掘史
BAINIAN GUMU WAJUESHI

著 者	郑振铎 朱希祖
责任编辑	刘 芳
封面设计	主语设计
出版发行	民主与建设出版社有限责任公司
电 话	（010）59417747 59419778
社 址	北京市海淀区西三环中路10号望海楼E座7层
邮 编	100142
印 刷	玖龙（天津）印刷有限公司
版 次	2023年6月第1版
印 次	2023年9月第1次印刷
开 本	880mm×1230mm 1/32
印 张	5.5
字 数	200千字
书 号	ISBN 978-7-5139-4235-5
定 价	52.00元

注：如有印、装质量问题，请与出版社联系。

目 录

序

　　自十九世纪的初年以来，人类有两个显著的大进步。第一是：对于所住的世界，经了勇敢的探险家的努力，已经将所未知的地域、所未发现的新地完全找到。第二是：对于许多时代之前的民族与文明、艺术与宗教，久已为我们所忘记者，经了精敏辛勤的发掘家的努力，也已经将它们重复显露于我们之前。总之，人类的知识范围，自十九世纪以来，差不多较前扩充了许多倍，无论在空间方面，或在时间方面，在地理上，或在历史上。譬如，叙述美索不达米亚的文明者，叙述尼罗河的文明者，叙述希腊的文明者，从前皆以古代历史家，如希罗多德（Herodotos）诸人的著作为唯一的宝库。而对于他们，谨慎的历史家却还是半信半疑的，不敢全据为实。有史的时间，因此缩短至有历日可纪之时；在此时之前的史实，他们或视为神话，或视为无稽的传说，或传为诗人创造的传奇。其实，此种史实，其本身原是模糊影响，不大有什么丰富的内容的。所以在十九世纪之前，或可更确切地说，在十九世纪中叶之前，古代史是至为枯窘可怜的。到了十九世纪之后，许多发掘者在烈日之下、荒原之上工作着，许多考古家在研究室绞尽脑汁解释着，于是我们乃可于三四千年之后，竟得见亚述帝国的王家图书馆的藏书，而读其内容，得见巴比伦帝国与埃及帝国往来的外交文件，而知当时的国际情形；如果我们到了巴比伦，我们还可以在那个壮丽无比的圣街上散步着，如果我们到了推来^①（Troy），我们还可以凭吊为了一个美人而苦战十年的坚城，如果我们到了底比斯的死城或王谷中，我们还可以下了阿门和忒普^②（Amenhotep）第二世的墓道，瞻仰这个大皇帝的御容，如果我们可以到了克里特（Crete），我们还可以看见当时海王国宫殿的遗址，而徘徊于其宝座之旁。这是如何可惊奇的一个古时代呢！十九世纪之前的历史家岂真梦想得到：一个诗人的传说，乃有真实的背景，一个生于三四千年后的人乃竟得见三四千年前的王家藏书，乃竟得徘徊于三四千年前的名王的城中、宫中，还不是一个可惊的进步吗？

关于地理上的发展，这里不提。本书所叙的只是最近百年来的最重要的古史学上的发现，或最重要的古城古墓发现的故事。这些故事，其本身往往也是足以震动一世的听闻，

①今通译为"特洛伊"。
②今通译为"阿蒙霍特普"。

也即是可惊奇的传奇的一页一篇。一个梦想的古物学家，精确地选定了一个古代的遗址之后，便动手掘下去。一锹一铲地将泥土掘起，一筛一箩地将它们倒去。经营了几天、几月，甚至几年之后，忽然一个工人的铁锹，喀 的一声遇到了一个坚物，遇到了一个石块。由此，而一个人首而有翼的威严的石狮子被发现了，由此，而一个名王的墓和它的无穷宝物被发现了，由此，而一个名城的墙头在三四千年的沉埋之后，发现于天日之下了。当那个惊人的大石像出土时，当墓中的遗物，完美无缺地一一复显于三四千年后的我们之前时，旁观者岂止游心于光荣伟大的古代而已，工作者岂止酬偿了他的几月几年的烈日下荒原上的辛勤而已！其愉快，其所获，盖有出常人所意想之外者：

一、他们发现的是古代的文化、古代的艺术、古代人民的生活情形，他们将已失去的古代重现于我们之前。

二、使我们直接与古代的文化、古代的艺术、古代的史迹，面对面地相见，不必依靠了传述失真的古代记载。

三、证明了古代大诗人的著作、古代的神话、古代的英雄传说，向来以为虚无缥缈，不值一顾者，实未尝无真实的成分在内。有时，且可以知道这种传说、神话的所以构成的原因。

在十九世纪中叶之前，未尝无发掘，未尝无发现，且也未尝无二三惊动一时的发掘的故事被传述着；然而却有两大点和近代的发掘，本书里所叙的发掘不同。

第一，十九世纪中叶之前的发现，大都是偶然的、机缘凑合的发现，不是什么专门家有心要去发现的。潘沛依①（Pompeii）之被发现于一个农人，便是一个好例。至于近代的许多大发现，则不然。这个发现都是专门家有意地经了千辛万苦而始得到的结果。在他们之前，那是一个无人注意的荒丘，在他之后，那个荒丘却告诉人家说，在许多许多时代之前，它乃是如何光荣、如何弘伟的一座名城。我们不仅可以见到威势赫赫的王宫，见到耸立地面、久攻不下的名城，见到关于战事、国政、宗教的刻文，关于国王祭师的，以及他们的神道的石像，我们还可以见到那时人民的生活状况，以及他们养生送死的器具，更还可以走到他们的市场之上，而默想当时人民熙往攘来的情形。这不能不感激那些辛勤耐苦的发掘家的。偶然发现的时代，现在已经过去了，决不会再来了，一则专门的考古学者的研究一天天地深进，关于古址的考订与发掘在欧洲和小亚细亚一方面都已可算是"地少藏宝"的了；二则偶然的发现，百年难得数见，有意的发掘，十发必有七八中，在如今求知若渴之时，假定考订了一个遗址，专门的发掘家是等待在那里的，因此偶然发现的机会益少。

---

① 今译为"庞贝"。

第二，十九世纪中叶之前的发掘，大都不是为了学问、为了艺术、为了古史而工作着；他们不是为了个人的财富，便是为了国家的财富，或劫，或抢，且骗，且偷，只要有古物可以到手，便什么卑鄙的手段都可使得出。他们除了夸多斗富之外别无目的。所以在他们看来不值得一顾，而在考古学家看来则为无价之宝的东西，不知被毁弃了多少！这是考古学上的一个大劫，倒不如藏宝于地，还可以有复得之时呢。到了十九世纪中叶之后，发掘者的态度便完全不同了。他不是为了一尊稀世的雕像而去发掘，也不是因要盗窃古墓中高价的珠宝而去发掘，也不是为了要增加个人的收藏或国家的御库而去发掘，他们的发掘，除了纯正的学问的工作之外，别无目的。一位专门家在埃及王谷中发掘了许多年；一个埃及土人对人论到他道："他在这里那么久，一定已成了一位富翁。"不，在学问上，他诚然成了富翁，若论物质上的报酬，则他所得的有什么！

因为十九世纪中叶后的发掘者态度的不同，所以近七八十年来，其所得远超出于从前的好几百年的时间；从前所不注意的荒丘，如今都掘发了，从前所寻找不到的名墓，如今也都已逐一地得到了。自波塔①（Paul Emil Botta）发掘柯萨巴②（Khorsabad）以来，至今不过八十余年，而这八十

①今译为"保罗·埃米勒·鲍塔"。
②今通译为"霍尔萨巴德"。

余年中，几乎年有重要的发现。其结果，则古史的材料一天天地丰富，旧时记载的错误，逐渐地都被更正。我们试读剑桥大学的《古代史》（*Ancient History*），其材料之丰富简直非从前史学家所曾梦见的。

然而自八十余年的发掘以来，欧洲和近东以及尼罗河流域的重要古址也几乎都被专门的发掘者发掘尽了，今后的欧洲和近东以及尼罗河流域，恐将难再有什么惊人的大发现的了。不过近年来的发掘者，其态度和方法，却更有和波塔、雷雅特①（Austen Henry Layard）乃至舍利曼②（Heinrich Schliemann）诸人不同者。波塔、雷雅特，乃至舍利曼诸人，他们的主要目的，还在发现什么传说中的名城，什么大皇帝的宫殿，什么人头有翼的牛和狮，什么惊人的狩猎图、战事图，什么名王的大墓和它的财宝，什么古代的大建筑、大雕刻；至于微小的"貌不惊人"的东西，他们却不屑去注意。至于近来的专门家则不同了，他们见一片碎陶器、一块废铁、一个粗恶的偶像，其价值不下于伟大的王宫和王墓；他们知道，有时一片碎陶器所叙述出来的古代的生活和艺术，反较之王宫王墓为更重要。所以他们也许对于这些"貌不惊人"的东西反倒较古宫古殿为更注意——当然，他们也决不忽视了这些古宫古墓的。总之，从来的发掘，目的在求

①今译为"奥斯丁·亨利·莱亚德"。
②今译为"海因里希·谢尔曼"。

惊人的大发现，今日的发掘，则对于古代的遗物，自一钉一瓦以至残碎的小偶像，都是十分宝贵的，因此惊人的大发现今后虽未必会有，而可以为古史的一部分资料的古物则决不会绝迹。有许多专门家，因此未免惋惜波塔、舍利曼诸人之忽视微小的古物，使它们在发掘者手下毁灭了，减少了不少的古史上的重要材料。然创始者总是粗枝大叶，未能细针密缝的，这样的忽略当然是免不了的。

我们中国的古物，始终没有经过专门发掘者的有意发掘过，除了几次的农夫农妇偶然的发现之外，一切宝物都是废弃于地，不知拾取。且偶然的发现是绝对靠不住的：第一，不知古物从多少条的泥土中掘出来的，因此，我们便不能断定其时代；第二，给惯于作伪的古董商，有了作伪的机会；第三，同时被发现而农夫们视为不足轻重的古物，一定被毁坏了不少；第四，在许多次的偶见的发现中，其幸得为学问界所知者又百不过六七，其余的或为农夫们所随手抛弃，或展转地入于市侩之手，或为当地官吏所夺取，从此不再见知于世。所以，为了我们的学问界计，我们应该赶快联合起来，做有系统的、有意的、有方法的发掘工作，万不能依赖了百难一遇的偶然的发现，而一天天地因循过去。

谁要是有意于这种的工作，我愿执锹铲以从之！这不是一件小事；从本书的叙述中，读者大约总可以见到锹铲的工作，其重要为如何的了。

　　然而发掘的工作，原不是一件容易的事。我们不要希望一锹掘下来便可以发现一座古墓、一所古宫，这在发掘史上是难得一见的好幸运。许多的发现都是经过几月几年乃至十几年的精锐的观察、辛勤的工作、坚忍的意志然后得到的。卡忒①（Howard Carter）之发现都丹喀门②（Tutenkhamon）乃是十六年工作的结果。舍利曼费一生精力去发掘推来城，至他死后，真的推来城方才为他的助手所发现。有一个发掘者，在埃及发掘了六七个礼拜，而发掘的结果却是一具猫的木乃伊！天下事的成功，靠幸运者少，靠工作与坚忍者多；发掘的事自然也不能外此。

　　本书并非一部完全的发掘史，本书所叙述者不过发掘史上几次更重要的故事而已。再，有史以后的古物的发现，如雅典的发掘，潘沛依的发掘，还有较为不重要的史前的发掘，本书也都不能叙及。本书的范围，乃是有史之前的古城古墓的重要发掘史。

　　范围既已说明，则请进而读本书的内容。本书后附参考书目，一则供给有意于读更详细的发掘故事的人的参考，二则示本书取材的来源。（但我所读的仅其中的一部分。）

　　本书是极浅近的一本发掘史略，所以对于专门名词和古

①今译为"霍华德·卡特"。
②今通译为"图坦卡蒙"。

代人名，用得愈少愈好，以免读者的兴趣为那些难懂的名词和佶屈聱牙的古人名所阻挠。

郑振铎

中华民国十七年二月十二日序于伦敦

第一章
阿比多斯及埃及第一朝的陵墓

阿比多斯[①]（Abydos）是埃及的圣城，每个埃及人都想能在生前去朝见一次，或至少在死后也希望能够一至的，或环境不能允许，则至少死后也要立一块石在这个圣地。穷人不能立碑，则至少要抛一块碎瓶片在这圣地。原来在阿比多斯有奥赛烈司[②]（Osiris）的墓。奥赛烈司是地府的大神，人如能葬在他墓边则可得福；如果没有福气葬在附近，则建立一块石在这个大神的石阶上，或至少送一片陶器至圣地，也可得他的恩惠。

所以在埃及史的最早期，富贵的人都要在阿比多斯得一坟地。如果贵人必须伴国王的墓而葬，则他也要建一个石碑在这个圣地上的。在中世（Middle Kingdom）风俗还是如此，要人都要在阿比多斯建立一个石碑。这些石碑如今在各博物院中，可以找到不少。但平民们却只能有送一片陶器至圣地之力，所以经过许多时代，阿比多斯竟成荒芜不堪的瓦

①今通译为"阿拜多斯"。
②今译为"奥西里斯"。

1

砾堆，各期各种的陶器都有。

在埃及史上，阿比多斯虽不重要，但在宗教和文化上，阿比多斯却被公认为一个重要的古址。所以许多埃及学者，早就计算到发掘这个圣地，以期对于古埃及的宗教与文化有丰富的收获。

圣城的发掘工作，和别的地方一样，乃由于伟大的发掘埃及的先驱者马烈特①（Auguste Mariette）的工作。1859年，他清理锡提第一世②（Sety I）的庙宇（以精美的浮雕著多），他还发掘拉美斯③（Ramses）第二世的庙宇，在伟大的奥赛烈司庙内，也进行着一部分工作，却没有得到多大的成绩。然而马烈特却说到一个荒丘，名为科阿萨尔坦（Komas Sultan）的，道："无疑的奥赛烈司的墓，必在此不远。大约什么时候，总可以发现今所未知的至圣墓的进口。"他的话到许多年后，方才实现。在1911年至1914年，那维尔（Naville）继续皮特里（Flinders Petrie）教授和墨累（Murray）女士的工作，在四十五英尺的斜道之底，发现一间大室，一百英尺长，六十英尺阔，以两行的方柱，分为三部分，由此室更至一较小之室，由它的雕刻上以及根据古代的记载，那维尔知道此即为著名的奥赛烈司的墓。那维尔所发现的实为奥赛烈司庙的最神圣的地方。

———————————

①今译为"马里埃特"。

②今译为"塞蒂一世"。

③今译为"拉美西斯"。

除了对于奥赛烈司圣地的注意之外，阿比多斯存在的建筑，乃为锡提第一世的庙宇和它的可惊诧的浮雕。墙上的浮雕有许多是最有趣味的；他们没有"古代"（Old Kingdom）的大浮雕的有力与新鲜，然而国王的形象和奥赛烈司坐在神座上的尊严态度，是极可赞美的。在锡提庙的左近，散布着不少他的儿子拉美斯庙的遗物。从前一定是一所很弘伟的建筑，如今却随地倾圮了。有的浮雕，可以比得上前王时代的，有的却粗率。

阿比多斯的建筑，虽宏丽而有趣，然到现在，他的重要却不在此，而在已被忘记的第一朝和第二朝诸王的墓的发现；这些墓经过许多年代，成为崇拜的目的，因此，更为隐晦而无人知道。然而到了今日，他们的宝藏却被发现，使我们向来以为传说中的非真实的埃及时代，一旦呈露出来；其文化之古远，非从前的悬想所可推测；即在此古远的文化上，已足见出其光华灿烂之概况，使我们实见尼罗河流域的文化是如何的古远而光明。如今且略述发掘的经过。在阿比多斯的诸王墓，既不美好，又不宏伟，不足引人注意；而到阿比多斯的人所注意的，仅为圣地及在其旁的后期诸庙而已。在1890年之前，我们对于建筑金字塔者的以前的埃及王，仅知其名而已；实际上的埃及史，乃开始于第四代的建筑金字塔者；其上的三代，皆视为若有若无。1890年后三十余年来，这个观念，却完全变更了；我们知道第四朝之前三朝的诸王，并不是想象的，幻梦的，乃是实有其人的；他们领率大兵，统一散沙似的南北诸小国；他们的国家，艺术文化都已是很发达的了。这个发掘的主地在阿比多斯，但也关连着发卡达（Vaqada）、厄尔阿谟拉①（El-Amrah）和发加厄得（Vega-ed-Der）诸地。

1895年，阿麦力诺②（Amelineau）开始在阿比多斯工作着，皮特里教授在1899年以后继之而从事于发掘，又有那维尔、荷尔③（Hall）和皮特（Peet）诸人继其后，直至1914年为止。

第一朝至第三朝的诸王墓，故址在奥赛烈司古庙之南，较古庙更近于诸山。诸墓皆在山边，比平地微高，极为荒凉寂静。1895年至1896年阿麦力诺发现一群古墓，尸身睡眠式的侧躺着，膝头弯至胸前。在这些古墓中，发现原始的石瓶陶器等等。1896年至1897年，阿麦力诺又发现一所大墓，内有金属物等等，他相信这墓比第一次所发现的更古。他的最重要的发现，乃是第三次工作时掘出的一个国王墓；这个国王，他读其名为垦特（Khent）。阿麦力诺觉得这个国王一定是奥赛烈司·垦替阿门替（Osiris-Khenti-Amenti），他一定是曾真实地在世上统治过埃及人的，因此，他便声言：他已经发现了"奥赛烈司墓"了。1898年，他找到了一个骷髅，这个头颅当然是那个死神的；不久，又发现一个青石的

——————————

①今通译为"阿姆拉"。
②今通译为"阿姆利诺"。
③今通译为"霍尔"。

床，他便名之为"奥赛烈司的床"。他的发现，引起世人纷纷反对的议论；后来，经学者断定，知此非神的墓，乃是第一朝或第二朝的一个国王的墓；新帝国的埃及人，也和我们的发掘者一样，误以为它为神的真墓了。阿麦力诺很失望地放弃他的工作，其实他的工作颇无秩序，大约被毁失的古物必不少。1899年，皮特里教授继他而复从事发掘。所得的较有成绩，工作更有系统。他们的墓往往是一个地下室，三十英尺至五十英尺高，阔亦相当。墓室以砖砌成。第一朝的登①（Den）王墓，室内之地板为坚硬的青石，这是我们所知的埃及建筑家使用这种材料的最早者。第二朝的卡塞痕缪②（Khasekhemui）的大墓，其中室全是石灰石的（石块）所建，这是人类史上所知的第一次土木工程。在中室之内，无疑的是已死国王的安身之所，室内堆了许多他所用的器具、饰品、钵、瓶，或为金属造的，或为坚石造的；在这早期，埃及工人已显出很可惊的技巧。中室四周都是小室，储藏着许多大瓶，中存食物或酒，用尼罗河的泥土和稻草混合来封闭瓶口，盖上王名，或酒的来处的葡萄园名，以备已死国王的地下之需。国王的臣属万想不到他们将国王之名印在瓶口上，乃竟留作六千年后埃及学者研究他们的历史的材料！这些印记在埃及史料上是很重要的资料。在这时代，埃及文明虽已进步至此，却仍不脱野蛮的风俗，将国王生前所喜爱的

———————

①今通译为"德闻"。

②今通译为"卡塞凯姆威"。

后宫杀来殉葬。到了"中世"之后，才用泥人来代生人。但这些古王墓中，为劫墓贼所摧残，竟不能有主人翁的真实尸体存在着；所以我们在这些墓中，永不能见如见后来诸王的真面目。然而在则（Zer）王墓（即奥赛烈司墓）中，却发现了一只殉葬宫人的手臂，干骨上尚带着四个美丽的臂镯。

第三朝以上的诸王，并没有如第四代以后诸王的欲将他们的墓建筑得高大宏伟。他们心中尚没有将他们的墓成为一座石山的观念。然而后来，在第三朝之中，这种思想便渐渐地现出曙光。第四代后，遂将王墓形成了世界巨观的金字塔。

在这些古王之墓，虽没有动人惊诧的大发现，然而最大的发现则为：埃及古王，在纪元前四千年以上的，并不是虚无的，那时代也并不是没有文化的，他们的文化已经是很高的了。这便是阿麦力诺发掘的真实价值的所在。

第二章
梦城

在尼罗河旁，在开罗（Cairo）之上一百六十英里，在底比斯（Thebes）之下三百英里，有新月形的平原。一边是高山，一边是尼罗河。河边有一带可以垦殖的地。山旁为一片黄沙，除了几个阿刺伯人①的小村落之外，现在已一无居民，只有地上散躺着古代遗柱残石，似若告诉我们以前这个地方不是没有过光荣的历史的。在这地方，曾有一名王，先时而出，欲以其宗教的理想感化世人，然而为时过早，他的理想却终于失败。这地方是研究埃及史者最有趣的地方。在黄沙之下，发掘者曾发现宫殿、庙宇，及房屋的遗址。在岩上，还有这位国王叙写他的"梦城"的界限的刻文，更有他为宫人们预备而未曾应用过的美好的坟墓。还有人因掘砖而发现一些书简，使研究古代东方的人，得到历史上的大转变点。

这地方，现在名为忒尔厄尔阿马那②（Tell-el-Amarna），

①今译为"阿拉伯人"。
②今译为"泰勒阿马尔那"。

在古时，却名为阿克塔腾①（Akhetaten），是著名城市，本应受得较好的运命，却终于荒芜废圮。

约当西元前1370年，有一国王由底比斯沿河而下，这是阿门和忒普（Amenhotep）第四世，埃及第十八朝的名王中最后的嫡系子孙。第十八朝使埃及成了"世界帝国"，阿门和忒普第四世的命运虽不幸，却是这些名王中最伟大的。他的御舟登上了岸，即在这背山面水的所在，建设他所梦想的新城，一面在岩上砌入巨大的碑文，表示这新城的边界。于是这新城，便如为魔法所变成似的，在黄沙上建立起来了；宫殿、庙宇、房屋、市场，一切都全；这国王在此建都约十二年；然后死亡，他便离开这未能与他理想适合的世界，而这座美丽的城市，不久便倾颓了。自他建城后，不到二十五年，这理想的城便成豺狼鸱鸟之巢穴。他死后，不葬在这"梦城"之中，却葬在他所憎恶的底比斯。他去了，梦城也便去了。自此以后，此城便空无人居。今所见的，仅几个阿剌伯人的孤村而已。一个城市的忽兴忽灭，从没有这样快的。这座梦城的创造者的父亲，阿门和忒普第三世（西元前1411至前1375年），像亚述的亚息本尼巴②或法国的路易十四一样，在他们的身上，集合了他们种族的一切的光荣。勋业功名，世无其比，到他们一死，光荣却跟着熄灭。第十八朝的诸王，能征善战，建立埃及大帝国，由

①今译为"阿克塔顿"。
②今译为"亚述巴尼拔"（Ashurbanipal）。

尼罗河而至幼发拉底河。所有叙利亚（Syria）、巴力斯坦①（Palestine）、爱西屋皮亚②（Ethiopia）诸地，都按时朝贡，不敢有懈。即巴比伦帝国的王也畏惮他。他娶一个阶级较低的埃及妇人，是游阿（Yuaa）和他的妻条阿（Tuau）的女儿。她的名字是替易③（Tiyi），她的权力极大。他对于她，言听计从。她引叙利亚的风俗习惯到埃及王宫中，尤其是宗教观念。在那时，宫中信奉的大神是阿门④（Amon），这神原是底比斯的城神，后来才升为主神的；王后替易一来，却又改而信奉旧时的主神日神。他们结婚后二十五六年，生一子，即阿门和忒普第四世。他深受母亲的影响，信奉新神。后来，他却有一个坚决的新信仰，要信奉一个"一神教"，新神虽仍为太阳崇拜的形式，其实质却并不是旧时的，他母亲所崇拜的旧神，乃是抽象的神；他不是一城之神、一国之神，乃是世界之神。这是世界上第一次的一神教的运动。然而为时过早，反对者纷起。阿门和忒普第四世不顾一切，坚信不移。在他即位后第六年，便宣告以"阿腾⑤（Aton）崇拜"为国教。而底比斯却是旧教势力的集中点，他便决心迁都于梦城，以实现他的理想。两年后，新都告成，他便迁入。他死后，他的忠心的臣属，却匆促地秘密地将他葬于王

①今译为"巴勒斯坦"。
②今译为"埃塞俄比亚"。
③今译为"泰伊"。
④今译为"阿蒙"。
⑤今译为"阿顿"。

谷的他母亲的墓中，那时，他母亲已经躺在那里长眠着。一座砖建的大宫，是新都的主要建筑。在宫中，到处都可见到这位少年皇帝的爱好自然和国家的和平生活。在一个厅中，尚可见一幅图画，写的是一池澄水，中有游鱼及盛开的荷花；水池边饰以水草及开花的小树，小鸟在飞着，牛在吃着草。此外，尚有人物；皆可见其画法之自由活泼。阿腾的大庙，即在宫旁。这庙的建筑与向来埃及的庙式不同。埃及的古庙，大都光线幽暗，给人以朦胧神秘之感，阿腾庙则随处皆光亮，没有隐藏，没有秘密，一切都是简朴、直捷、公开。这也是反古的一个大革命。但在几年之后，埃及帝国却崩坏了，这位皇帝便郁郁死去；而他所建的圣城，也都随之消灭。旧势力一天天地重炽，阿克塔腾便终成一个荒墟。

阿克塔腾梦国的遗址之所以复见天日，其故事说来也是有趣。1887年，有一农妇，和她的邻人们一样在这座圣城的遗址上掘取砖块，掘到了一座小室，中藏几百块的泥版，上刻楔形文字。这些泥版，后来转运时破失不少，至今仅存一部分。当时大家都不知注意。后来，这些泥版到了英国及柏林诸博物院，乃知其真实价值，有好多年不曾有过这样重大、这样惊人的发现了。然而这发现却不是由于有意的发掘，而是由于偶然的机会，被发掘于一个无知识的农妇之手。这间房子，是王宫的外交处，这些泥版是他父亲和他时代的外交文件。从这文件上，可以看出这位少年皇帝的理想，所以终于成了一梦，埃及帝国所以当这位皇帝正在编著颂歌传布新教时土崩瓦解的原因。当他即位之后，叙利亚领地上的南北二部，便已不稳。但阿门和忒普第四世却正醉心于新教的成立，置边臣的告急于不问。于是事变一天天地重大，而他祖先所辛苦缔造的埃及大帝国，便终于分裂。同时，国内的反对党正可借这个机会肆行攻击他，说是大神阿门给他的责罚。

在1907年时，一个美国的发掘者大卫斯[①]（Theodore M.Davis）先已发现权力至大的王后替易的父亲游阿与条阿的墓；这墓经过许多年代，并未被人发掘过。这时他又在底比斯的诸王谷中，发现第十八朝一个王家的墓。在墓中发现一个棺，置棺的狮足石床，已经塌坏，所以棺被掷在地上，棺盖也斜开，可以看见棺中骸骨。这副骸骨裹以薄金叶，在棺上的刻文里，称为"美丽的太阳之子"，这当是阿门和忒普第四世之墓了；然而在神坛上，又刻着："这是国王阿克塔腾为他母亲替易所造的。"美丽的瓶盖上，雕刻着一个人头，可以说是女人，也可以说是男人；而在墓中所发现的器用，则确为属于一个女子者。因此，这墓似乎又当然是王后替易的墓而无可疑的了。大卫斯因此宣言他已经发现王后替易的墓与木乃伊。他们将这具木乃伊送给专家检验。专家说道："这是一具少年男人的骸骨，不是一个老妇人的。你们的这副木乃伊难道不是在那个墓中所捡得的吗？其中必

----

①今通译为"戴维斯"。

有错误。"其实，并没有错误，这骸骨确是少年皇帝阿门和忒普第四世的，他死时方才二十八岁，这由棺上刻文可知。后来，据学者解释，阿门和忒普第四世死后，原系埋在他的神城中；后来这城荒芜了，几个忠心的从臣，便将他迁葬于底比斯；但因在底比斯没有给他预备墓道，所以便匆匆地葬在他母亲的墓中。但他的反对党还不甘心于他，所以便开了墓，将他的尸上棺上刻的名字都涂抹去了，王后替易便也改葬于他处，独留他的无名的尸身放在这墓中，直至三千年后，方为人所发现。这是很完满的解释。所以，在一个老年王后的墓中，会发现一具少年男人的木乃伊的疑问，便自此解决了。

第三章
底比斯城及其死城

在古代东方所有遗址中，埃及是最富于伟大的过去与遗物的地方；然而说到埃及的发掘史，却又是无系统的。许多发掘埃及的人，都是为自己的利益或增加国家的财宝而工作着的；他们的目的，是劫取古埃及的宝藏，并不是作系统的研究；许多收藏在欧洲诸大博物院里的，都可以写上："偷来的东西。"至于真正的发掘，为学问起见的发掘，在十九世纪的初期，却未之前闻。第一大劫盗者，当然是拿破仑；他在1798年至1799年，得到不少埃及宝物，使全世界都注意地暗想道："原来埃及是宝物遍地的地方。"自此以后，许多的埃及古物收藏家，其所有都是且骗、且夺、且偷的成绩，其卑鄙不下于小偷，其强暴不下于海盗。因此，他们仅知注意于宝物，注意于著名的雕刻与可欣羡的东西，其中视若不值高价的无价之宝，可供学问界之重要资料者，不知丧失多少！

直到马烈特氏之时，方是埃及学光明的开始，方是用科学方法发掘的开始；而他的努力，不自私的努力，实创造一所开罗博物院。这是世界无比的最伟大的过去历史的宝藏。他是站在强固的为古物而工作的立足点上，不是为宝物，不是为自己，或为他的国家。他在古代埃及的研究上，是极有功绩的。

埃及古文化的中心点是底比斯（Thebes）。底比斯成为埃及的首都，是比较后来的事。"古代"（Old Kingdom）的都城，是在今日开罗附近；而到古代之末，当第九代第十朝之时，都城渐向南移，约在开罗之南七十英里的痕门秀腾（Hemen suten）。以后又几回迁都。直到第十八代，底比斯方崛起而为埃及帝国的中心。自西元前1580年至西元前1170或1167年，底比斯恒为埃及光华的焦点。拉美斯第三世（Ramses Ⅲ）死后，这名城的运命，便一落而不复兴。第二十一代后，又另有都城。自经亚述军队的攻陷，底比斯益不可问。其后亚历山大里亚①（Alexandria）城代之而兴。但在新帝国的全盛时代，底比斯必是古代世界上最光荣的花城。一座宏伟的城，由尼罗河畔，直到东山之下，占满山河间的大平原，王宫建在中央，还有卡纳克（Karnak）和卢克索（Luxor）两大庙耸出地面，雄视一切。在西方，河的对岸，是寂寞的死城，也是伟大的庙宇相望于道，而诸王的墓则深藏于地。在其南，则有阿门和忒普第三世的西宫。

在这所大城中，居民的房屋与宫殿，至今已一无遗迹

①今译为"亚历山大"。

可见。他们的宫殿居宅，不是用耐久的材料建造的，这些建筑不久便为风雨所侵，化成一堆泥土的荒丘。所以底比斯的遗址，不是帝王的宫殿，也不是平民的住宅，乃是埃及人所称的"永久的居民"，即他们的神庙和他们的死宅。今日的底比斯，不是古城，也不是生人之地，乃是庙与墓的城，寂寞的神与鬼的城。有的是不朽的诸大神的庙宇和统治一时的诸国王的庙宇，有的是全世界宝藏最富的王墓。现在先叙古庙，这些古庙遗址尚散在地面，无须发掘的；其次讲到古墓，近五十年来，这些古墓为专门家所发现清理，得到不少研究埃及古代艺术、文化、宗教、历史的材料。

讲到古庙，第一使人注意的，当然是，因为是底比斯最古的庙、最伟大的庙，是底比斯神庙中最重要的，且是世界上最宏巨的遗址。我们直不能形容它有如何的宏大；说他实际上的庙宇有一千二百英尺长，三百三十英尺阔，至其庙址则有一千五百英尺长，一千五百英尺阔，也只能给我们以它的占地阔大的印象；或换一句话说，说它庙宇占地四十万英尺，庙基占地二百二十万英尺，则更以数字迷人而已。试以他庙比较一下：罗马（Rome）和米兰（Milan）的两个圣彼得寺①，巴黎的圣母寺②，这世界著名的三大礼拜堂并合起来，方才比得上卡纳克的实际的庙殿。说到庙基，则更要多取好几个礼拜堂来加入。巴黎的圣母寺只够放入卡纳克庙的

---

①今译为"圣彼得大教堂"。
②今译为"巴黎圣母院"。

一个大厅中，这个大厅还不是最大的。卡纳克庙在埃及古庙中并不是最古的；它为第十二朝诸王所建，然此古址已经不大可见；今所见的是第十八朝第十九朝的工作，大约不会早于西元前1580年，在埃及算是比较近代的建筑。第十八朝的兴起，卡纳克便跟了兴起。这时，名王迭出，征服各地，劫夺许多宝物归来。卡纳克庙渐次增修扩大；巨大无比的石幢石柱等等，至今有一部分尚耸立在那里，为世界伟观之一。到第十九朝时，卡纳克庙的光华宏丽才达到极点。在正庙外，尚有别的庙宇及圣池等等，使卡纳克不仅成为庙宇，而且成为宗教的城市。

同在底比斯的东城，别有一所大庙，即卢克索（Luxor）庙是。这座庙的宏丽，仅次于卡纳克庙一等。这所大庙的建成，不似卡纳克庙之用屡代的力量，乃全由于两个名王阿门和忒普第三世与拉美斯第二世的力量。阿门和忒普在一所古庙遗址上，重建卢克索庙，其壮丽远过于前者，足使它暗然无色。到阿门和忒普第四世压迫旧教时，这庙的工程，当然放弃不复顾。第十九朝的王，又信仰旧日的底比斯神，于是卢克索庙又加增大。卢克索庙有八百五十英尺长，仅次于卡纳克庙；而卡纳克庙是以一千七百年的力量造的，卢克索庙的建成，却不过二百年而已！

现在要叙到底比斯西岸的古庙和古墓了。底比斯东岸是神的城，以卡纳克庙及卢克索庙为中心，四周还有许多小庙；但在尼罗河西岸的建筑的宏伟不减于东岸的，却不是神城，而是死城；且较神城为更有趣味而重要。神城以露在外面的伟大建筑见称，死城蕴有无穷宝藏，等待后人的发现。死城里王墓相望，王庙相属，雕刻纪念柱相属于道。我们想当年埃及人一定有一个口号道："向西去。"因此，西岸便成死城，寂寞的死城。沿尼罗河西岸的诸山，如蜂窝似的，总有数百英里的墓。这是从那些古墓中所发现的艺术、文学的宝库以及日用器具等等，使我们得到许多的关于埃及人的生活与历史的知识。没有一处地方，曾使发掘的工作有那样丰富的报酬，也没有一处地方，曾使发掘的工作有那样有趣、那样有声有色的发现，像这尼罗河西岸底比斯的死城一样。在死城之中，"王谷"（Valley of the Kings）尤引人注意，为死城的精华所在；许多时代最伟大的埃及皇帝，都葬在其中，且有许多王庙，建立于其间。王庙至今尚有几座保存得很完好，可使我们约略见其光荣的成绩的；在底比斯西岸的河与山之间，凡二英里长，一英里半阔的地上，王庙几乎遥遥相望。但如阿门和忒普第二世、第三世、托司米兹①第三世（Thothmes Ⅲ）诸人的庙，则几乎完全残废，只剩下庙址而已。至于如锡提第一世（Sety I）诸人的庙，则幸而保存得很好。最使我们惋惜不已乃阿门和忒普第三世的祭庙的失去，他是底比斯诸王中最光荣的；它的遗物，如今只剩得两个大石像，尊严而寂寞地坐在那里，双手放在膝上，

---

① 今译为"图特摩斯"。

双目永久凝望着对岸的日出。然而它的遗址虽只这一点存在着，它的宏伟却可由此而想象得到。这是西岸死城里最重要的古物；除金字塔和卡纳克庙之外，便没有东西可以更使埃及游历者有深刻的印象的了。他们站在那里，或不如说是坐在那里。至今尚有六十五英尺高；如当年的冠不曾遗失而尚在他们的头上，则当有七十英尺高；他们皆由一块大石雕出，重七百吨。那是三千三百年前的工作！在阿门和武普的废庙之后，至于麦楞塔①（Merenptah）和托司米兹第四世的庙址的东北方，站着拉美斯第二世庙。这庙近年来曾经启柏尔②（J.E.Quibell）完全发掘过，也是一所美丽的祭庙。在庙的前厅，立着一尊巨大红花岗石的拉美斯第二世的坐像。除皮特里（Petrie）在1894年发现的一尊雕像的零段之外，这尊像可算是埃及石匠所造最大雕刻，且可说是世界最大的石匠的工作。肩阔二十二英尺四英寸，耳长三英尺半。全像重约一千吨。拉美斯庙之北，又是两所大庙。著名王后哈次瑟萨③（Hatshepsut）的庙，先为两个法国人将其宏伟之状，介绍到欧洲，然后，又由马烈特诸人，将埋入沙中的部分发掘出来；这所庙是埃及建筑的一个无比的例子。拉美斯第三世的庙，在麦第涅特阿部④（Medinet Habu），也很可引起注意；

①今译为"莫尼普塔"。
②今通译为"奎贝尔"。
③今译为"哈特舍普苏"。
④今通译为"哈布之城"。

他是埃及名王之一，且是最后的以武功见称的皇帝之一。这庙保存得极好；且有许多图绘战争情形的浮雕；这些浮雕写拉美斯攻打的种族的面目极为真切，尤其是那海战图，写他的海军战胜敌军之事，乃是古史家无价之宝，且它又为世界第一幅存在的海战画。但从艺术上来讲，这庙的建筑等等，已是埃及艺术衰落期的作品，不甚可观，然其在历史上的价值则极大。

现在离开死城的王庙，而叙到王墓的发掘史。这都是动人听闻的故事。王谷在斯特累渡①（Strabo）氏时代，他曾记载着说，有四十墓值得一游；但到拿破仑发掘的时候，却只有十一墓为人所知。然至今日发掘的结果，知王谷中的王墓，已知者实在五十所以上，未知者有待将来的发现。

柏尔磋泥②（Belzoni）氏所发现的，至今仍是王谷中最精美的墓。他的发掘工作，开始于1817年10月。几天之后，他已发现第一墓，墓中有好些精美的图画。几天之后，他又发现第二墓。在开始工作后的第十一天，他发现"足以酬他所有研究辛苦而有余"的大墓。这发现实足以使他百端夸耀而无愧。他说道："这墓给世界以新鲜完美的埃及古物的范型，堪视为超出从前所得的东西，无论在规模上，在宏丽上，或在保存上，它们保存得正如我们进墓时方才完工一样。"两天的工作，使柏尔磋泥进了大墓的门口；十月十九

---

① 今通译为"斯特拉波"。

② 今译为"贝尔佐尼"。

日，他便很有幸福地在地下的仙国中徘徊着了；他由这一室走到那一室，最后找到那名王的棺椁。然而木乃伊却不在此，这有待于后人的发现。那名王是谁呢？便是锡提第一世（Sety I.）。原来第二十一朝的祭师们，见他们无力反抗劫墓贼，便于纪元前1100年左右，将诸名王的尸体迁藏于秘密的地方。这地方的发现，即在下文叙及。

1881年时，有一掘墓贼，向开罗博物院①自首，率领他们同至他所盗掘的基地。这地方正是诸名王尸身的隐藏处，锡提第一世的木乃伊也在此。这是最可纪念的一日。在埃及史上异迹虽多，却总没有在那天，博物院的汽船到底比斯将许多名王的木乃伊都运去，而妇人们在两岸哭着，男人们则在放着他们的枪。似若几千年前的名王的木乃伊，和他们尚有密切的关系一样。

1898年，罗勒特②（Loret）在王谷里发现阿门和忒普第二世的墓，这墓差不多没有什么损坏。劫墓贼诚曾到过墓中，毁坏一点东西，然而这位名王的尸体，却仍完好地躺在那里，而他的棺边尚放着一张名弓，他所自夸为除他之外没有第二人能使用的名弓。在这墓中，也发现好几具埃及王的木乃伊。罗勒特并不曾将阿门和忒普搬到博物院，因为博物院预备放在原墓中，供游人参观。"墓中点起电灯来，所有的主要的墓，也是如此。棺头上有一盏电灯；当一队游客沉

①今译为"埃及博特馆"或"开罗博物馆"。
②今通译为"洛雷特"。

默的集合在墓中时，所有灯光都熄，然后棺头的那盏电灯放亮，表现出这国王的头部独罩在灯下，而四周却是黑漆漆的。这是不可言说的凄怖与动人。"

1903年时，美国的发掘者大卫斯（Davis），开始在王谷中发掘，他的成功与所得的报酬，没有一个人能及之。自1903年至1912年之九年间，他继续的发现王后哈次瑟萨墓、托司米兹第四世墓，以及和棱赫①（Horemheb）墓等，此外尚有两个更大的成功与发现；第一个在埃及艺术上有重要的贡献，第二个有关于在埃及史上最有趣的一个人物的生平的结局。

1905年2月，大卫斯发现一座不大引人注意的墓，没有一毫雕刻或绘画的饰品。不意这简朴的墓却为储藏埃及艺术与工艺的最丰富的宝库。这墓是游阿（Yuaa）和他的妻条阿（Tuau）的合葬处，他们是阿门和忒普第三世之后替易的父母。他们见了古物满处的墓室，见了三千年前的古人的形骸，不禁静愕地站住了，器具中最可注意的是三脚臂椅，雕刻精工，饰以金色。一张椅子还有一个垫子，保存如新，至今尚可坐在上面。还有许多石瓶，有一个瓶中，储有液体。还有许多工致的箱匣，散置各处，有的是有脚的，还有两张舒适的床，还有游阿生前所乘的轻车。所有的东西，都放射闪闪的金光，丝毫不曾为灰尘所染。那些器物，虽是三千年

---

① 今通译为"荷伦希布"。

前的，却仍像是昨日的。到了1907年正月，大卫斯又发现一个名墓，这是他成功的顶点。他那时正在靠近第二十朝的拉美斯第二世的墓边一个地基上发掘。这地基遍覆以细石，看不出其下会有墓室。大卫斯坚执的要掘下去，在数日之后居然发现一道石级，尽处是一扇室，开门进去，是一条甬道，尽处为三千年前祭师们所封闭，直至今乃为大卫斯所开发。他们直如进了《天方夜谭》中的宝洞。黄金在地上和墙上闪闪放光，这些金子如新出炉似的光亮。这墓是王后替易的墓，而伟大的少年皇帝阿门和忒普第四世葬在其中者。这事的原因，在上边已经说过，现在不必再叙了。

以上是王谷中几个最著名的发现。但，并不是唯一的底比斯"死城"的遗址，而使她能与"圣城"同其重要者。更有好些私人的墓，其绚丽也不下于诸王墓。有一个墓，是皮雕阿门阿忒特（Pedu-Amen-Apt）的，比任何王墓都伟大，共有八百七十英尺长，而锡提第一世的墓不过三百二十八尺长而已。更有许多私墓，是以装饰华美见称的。这种岩墓的建造与装饰，当是当年底比斯的人职业之一，要用到的是建筑师、土木匠、雕刻师、绘画师。而在这些装饰的图上，我们可全看出当年埃及帝国的风俗人情。

在私墓中最动人者是涅克特（Nekht）的墓；他生在第十八朝的初期，是底比斯的绅士。墓室有二间，仅第一间有壁画，保存得极好，画的是涅克特和他的妻的日常生活、农园工作，及渔猎之状。涅克特墓也许是底比斯诸墓中最为人所熟悉者，因其壁画曾再三再四地制版覆印过。勒克马剌（Rekh-Ma-Ra）墓，保存得没有他的好，却更重要，他是托司米兹第三世和阿门和忒普第二世时的首相。有一幅表示首相接受各国的贡物的情形，其中有从希腊海岛克里特（Crete）来的使臣特别可以注意，这乃是海王国的使臣！

古时对于埃及的意见，每以为她是一个隐士似的国家，不大和人来往，自在其领土之内，发展其可惊的文明的。然而经过近世的实际考察之后，乃知这观念是不对的；古代诸国交通频繁远出于我们空想之外。在克里特曾发现埃及的指环，在刚才所举的埃及首相墓画中，也见有克里特使臣的形貌；此可见两种古文化，尼罗河的与爱琴海的，并不是孤立的，乃是常有来往的。更有证据，在大建筑家及首相森马特（Senmut）的墓中见到。这墓早已为人所知，后又为人所忘。在它的壁画上，我们又见到克里特的进贡者，手捧或肩荷着巨大的金银杯，以及金和银的大口水瓶，正和伊文思（Sir Arthur John Evans）所发现的一样，还有一个大铜瓶，四边有四个圆环。而克里特人的妆束则正是迈诺斯式的衣冠。这又是尼罗河与爱琴海文化相交通的证据。

第四章
都丹喀门王墓

    埃及诸王墓在许多年代来，已经陆续被盗贼，或文明搜劫家，或埃及学者所发掘；在静寂的底比斯死城里，几乎是地无蕴宝的了。突然地在1922年11月，却听说卡忒（Howard Carter）又发现都丹喀门[①]（Tutenkhamon）墓，且发现的乃是财宝遍地，未被盗劫的原墓。虽然都丹喀门并不是伟大的王，墓室的规模，不能及锡提第一世等等，然而当卡忒刚发表其发掘所得的三四财宝的真相时，已经震动一世的耳目！"都丹喀门墓"的一句话，几乎妇孺皆知；埃及文化的涉猎，突然又盛极一时；许多年来，没有这样的一个惊人的大发现的了。

    这大发现，并不是机缘凑合的侥幸的发现，乃是经过千辛万苦的收获，值得在发掘史上留纪念的。尽有幸运的发掘者，初下手便得到极好的结果，满载宝物而归，然卡忒则没有这样的好福气，他找寻都丹喀门墓，已经不是一年半载的

---

①今通译为"图坦卡蒙"。

事了。他的名字早已为埃及学者所熟悉，他的半生精力，也都费在古代的埃及和它的宝物的解释上。他的雇主即合作者卡忒①（Lord Carnarvon），收藏埃及古物致富；卡忒和他合作，在尼罗河西岸工作着，已有十六年之久，而在底比斯死城中的工作，也在九年以上。这许多年的工作，可以总说一句话：费力多而成功少。除了旧瓶断像，小件古物之外，他无所得；然到1922年秋天，他们十余年来的苦工，却得丰富的报酬。有人说道："自此以后，死城中的财宝，恐怕真要涸竭了。"卡忒在某处发掘着，移去了十五万至二十万吨的泥土，发给黑人不少工资，而毫无所得。然而在1922年11月5日卡忒却在拉美斯第四世的墓下，见到一个旧岩石刻成的石级。他费一二天的工夫，将石级逐级发掘出来，最后到一座墙，封以灰泥盖上皇墓中所常有的印记。他立刻知道他已经寻到一个重要的墓。他又封闭石级，打电报叫他的主人卡那贲立刻到埃及来。他到时，门又开了。在各种痕迹上，看出这个墓门，在古时似曾为盗墓贼一度到过。他们恐怕近代的盗贼，又要追步古代劫贼的前踪，于是墓边便有许多兵士警察和工头日夜看守着。从头门到二门，是一条甬道，约有八米突长。卡忒将墙石拆去几块，用烛光去照见门内的东西。在他后面的是一群的合作者，焦急而热激的在等待着。最后，卡那贲等得不耐烦了，问道："里边有什么东

---

①今通译为"卡那封"。

西？"卡忒心里非常的喜悦，因他已见到不少的奇物；口里却徐徐地答道："这里有些奇异的古物。"其初，他在朦胧的烛光之下所见的，和大卫斯在王后替易墓中所见的一样，是一片炫目的金光。然后，渐渐的金床、椅子、各式各样的箱子，逐渐地可见。那样多的葬器，是任何墓中所不曾见到的。过一会，墙洞掘得大了，那些发掘者便进"宝库"之中，带进一盏电灯，仔细欣赏他们所得到的奇物。靠在墙上的是两具和生人大小相等的饰金的木像。地板上拥挤着各种床、车、箱、瓶，还有美丽的手杖，还有各种食物，预备死王在地下用的器具。最可注意的是一张龙座，本身是木的，遍饰以黄金；在椅背上，有这位国王和他的王后的像，用许多宝石及半宝石铺砌着，光彩绚耀无比。这龙座显然是都丹喀门生前之物。在室中，没有尸棺的踪迹。不久，他们便明白这不过是墓中的前室而已，更有他室等待着去发现呢。在大床之下，寻到小洞，由那里可以进到他室，这是副室。两个立像间又有一门，可通他室。然而这二室里的宝物已极丰富，搬移为难，且须注意保护，防在无意中受有损坏。所以便暂不发掘第三室，而先着手清理第一、第二室。他们将锡提第二世的空墓当作储藏室，先将宝物移放过去。在第二年的二月，两个立像间的墙便又被发掘，而都丹喀门的真正的棺室，便可见到。棺室并不大，只有二十英尺长；壁画看来，也不见得很好，然其棺椁则极华美，比任何王墓中的都更好；长有十六英尺，阔有十二英尺，所以几占满一室，它与墙之间只剩下一点空地。椁上饰以金，饰以青色。它的东头有两扇坚门，用铜条严锁着。外椁的门开时，又发现第二椁，在这二椁之间，散放着许多珠宝。在棺室的东墙，尚有一门，未曾封锁，这门内是一小室，也放着不少器物。这室内最可注意的东西，是一座方坛，四周有四位女神的像保护着，她们伸开双手抱着方坛，而她们的美丽的脸，则回过来，似憎恶地望着三千三百年后闯入墓道，破坏她们尊严的发掘者。这个方坛乃是储藏死王的脏腑的，它们分藏在四个小棺内，形与大棺全同，且更华美；小棺之外，是一个石瓶，瓶上盖以都丹喀门的半身像；然后又是一个外棺，棺之外，再是一个外椁；椁外即为四位女神伸出两手所保护的。女神姿态的柔美、雕刻的工致，在埃及雕刻上，尚没有发现可以与之相比的。

天气渐热，墓道便又封闭。在1923年秋以后，他们便又进行清理棺室及其后的附室。他们的报告，描写每一件宝物的，差不多都足使世人耳目为之一新。

都丹喀门是上文所已提到的大宗教改革者阿蒙霍特普第四世的第三女婿，继阿蒙霍特普第四世之后而即位的。（其间尚有一位国王，是阿蒙霍特普第四世的大女婿，但其在位不过数月而已。）他初在他岳父的新都阿克塔腾登极。但后来，他和他的妻却没有阿门和忒普第四世的坚毅，竟反抗不过旧教徒的劝诱与胁迫，不得不放弃新都，而迁回故都底比斯去，而他们便改而崇奉旧教阿门，而将他自己的名字改为都丹喀门，即"阿蒙的活像"之意。他在位大约不过九年；其他史实也不大有可靠的记载，仅知阿门和忒普第四世所失的威权与帝国势力，在他的时代，又恢复一部分而已。然而他虽不是重要的国王，他的墓却供给埃及学者以无穷的宝藏。

第五章
巴比伦南部的城国

　　现在的巴比伦是古代这地方的首都与文化中心，经历许多年代的光荣伟大的历史。它是一片沃土，为幼发拉底河和底格里斯河所造成的沃土。他们的地域在北方的名为阿卡德①（Akkad），其文化中心为阿卡德、奥匹斯②（Opis）、巴比伦等；在南方的名为秀麦③（Sumer），其名都为拉加士④（Lagash）、吾珥⑤（Ur）等。在南北之间，有圣城尼帕⑥（Nippur）。自1888年以后，美国宾夕法尼亚大学曾在此继续发掘，得到不少重要的古物，足以为古代巴比伦文明与宗教的佐证。古代巴比伦，文化中心在南部，所用文字也是南部的秀麦文。讲巴比伦的文化，只能从秀麦的文化讲起。自四十余年来，讲古代巴比伦与秀麦的历史者，皆根据于巴比

①今译为"阿卡得"。
②今通译为"俄庇斯"。
③今通译为"苏美尔"。
④今译为"拉格什"。
⑤今译为"乌尔"。
⑥今译为"尼普尔"。

伦最后王那波尼达斯①（Nabonidus）的圆柱上的记载。由那里可见巴比伦的文化，较埃及为更古远。据学者们的断定，巴比伦人定居于此，当在西元前六千年至七千年或更早；又说纪元前五千年，"城国"遍布于巴比伦南部。然据近来更确切的研究，其年代似应缩短一千年以上。

秀麦的模范城国是拉加士（Lagash），这城自始至终，维持其纯粹的秀麦式的城市。拉加士的兴起，在秀麦文化曙光初露之时，拉加士的灭亡，则不会在第一巴比伦朝代的兴起（即西元前2225年）以后。

拉加士的古址，在今所谓忒罗②（Tello）的荒丘上，那地方，半年是沙漠，半年是泥泽。这座荒丘长约二英里半，阔约一英里又四分之一。忒罗在很早即已为古物不少的所在，阿剌伯人常来采掘，发现不少刻有文字的砖与圆锥体。1877年，法国驻在巴士拉（Basrah）的副领事萨则克③（M.Ernestde deSarzec）氏，也注意到这荒丘，立刻和土耳其的长官交涉发掘的事。同年，他便从事发掘，自此至1900年，得到不少古物，发现最古的秀麦居民所成就的光荣的文化与艺术。萨则克的工作，可分为三时期。第一时期是试掘，约阅一年，这时是费在决定全部荒丘的性质；第二时期，大部分费在到法国征求政府的帮助与同情，然后又回到

①今通译为"那波尼德"。

②今通译为"泰罗"。

③今通译为"萨尔泽克"。

忒罗，进行发掘帕提亚宫（Parthia Palace）。这时期约阅一年。他和他的妻同在那里，结果极为完满；不仅完全发现那大宫，且得到古代秀麦的艺术品不少，其中最重要的，是一群雕像。第三时期，是中断而又继续的四次发掘；在那时期，他发现雕刻与刻文，时代更古。萨则克死于1901年，发掘工作因此突告终止。到1903年，又由克洛斯（Gaston Cross）继续进行。他的主要的发现，是一个建于纪元前2450年的城墙；这墙是城中著名的"教王"（priest king）究第阿[①]（Gudea）所建。墙厚三十二英尺半，有几个地方，至今仍有二十六英尺高。

萨则克的主要发现，是两大烧泥圆柱，也是属于究第阿的。这圆柱长二英尺，直径一英尺，其上刻有约两千行的早期楔形文字。更有著名鹰柱，在那里记载着古代拉加士名王伊那坦[②]（Eannatum）的战功；还有许多的雕刻精美的银瓶，几千块刻有文字的碑版等等。有一块泥版记载着一个伤心的拉加士城民，或者是一个拉加士的教士，悲痛他的城市之为邻邑安马[③]（Umma）所陷，呼吁上天降罚于安马的"教王"。

自尼尼微（Nineveh）的发掘之外，没有一次发现比这次

①今译为"古地亚"。

②今通译为"安纳吐姆"。

③今译为"乌玛"。

迦勒底^①（Chaldean）的发掘更重要的。究第阿的雕像，在艺术上看来，虽不能和尼尼微发现的有翼的狮与牛及许多精巧活泼的描写战争、宴会、打猎的刻石相比，或和埃及的巨大雕刻相比，然却比别的在美索不达米亚（Mesopotamia）地方所发现的东西都重要。且拉加士所发现的浮雕，在艺术上虽不能与尼尼微相比，因为它们是粗率的、原始的，而尼尼微所发现的浮雕则为精美的、进步的；然在真实价值上，它们却比尼尼微派的浮雕更重要更有价值，因为它们将亚述未曾为人注意之前即已成了老大的古民族的形貌、衣服、器用、风俗、习惯，都表现出来；而他们的文化，乃是巴比伦文化的根源，亚述的文化，即完全掳劫它，而带到北方去的，它所增加了极少的东西进去，或竟至于无所增加。在拉加士以及其他城市的秀麦人乃是世界史上最有创造力的人民之一，他们的久被忘记的工作，今虽仅发现其一部分，然已可证明其为人类文化的础石。萨则克在忒罗的工作，不仅给我们以比野蛮的光荣的亚述人更有贡献于人类的民族的图画，且更给我们以理想的社会，值得与大帝国的理想相匹敌的，即所谓"城国"者是。这种城国后来在希腊曾放出更灿烂的光华来；雅典和它的不可及的光荣与文化，即是一个登峰造极的例子。而这种城国，巴比伦的拉加士和左近诸城即已树其基。原来古代巴比伦文明的特质，即在巴比伦人的一个社

①今亦称"新巴比伦王国"。

会、一个团体，其单位不是一个国家，却是一个城市。这种城市由一个人所统辖，或可谓之国王，或可谓之"教王"，因他同时又是一个"城神"（city-god）的最高祭师。对于这城神，他和全城的人民都是他的奴隶。城墙之外，环以膏腴的土地。这样的城市，足以自给，足以安生乐业。城内的组织，在纪元前三千年，已是很完备的了。在城市的中央，有一所城神柠季秀（Ningissu）的大庙和高塔；国王所住的宫殿，又是一所大厦。此外，更有好几个较小的庙宇是拉加士的别的神祇所住的。全城围以砖墙，高而且厚，城墙上各有堞楼，有坚门与城外通出入，日出而启，日入而闭。农人们在开城时便出城外工作。当拉加士或相类的城国，人口日多，势力日益扩充时，城外的土地便不能不日益扩大，以应城内增多的人口的粮食。因为领土的扩充，于是与别的城邑便生利害冲突，而战争以起。

我们在萨则克所得的鹰柱上，完全见到当时的两个城国因争地而战的情形。拉加士因与邻邑安马（Umma）争夺一块土地，各不相让。在鹰柱的第六行，城王伊那坦自叙战功，告诉我们说，安马的教王受了他的城神的命令，要来争夺拉加士的土地。伊那坦不动声色地集合他的战士，在城外等待他们。城神柠季秀答应他说，这次战争必定获胜。这次战事的结果，拉加士军果然得大胜。伊那坦完全摧灭敌军。他记载着说，共杀敌三千六百人，（或据别一个学者的解释，是三万六千人）这当然是极夸张的记载。在这种城国，决不会有丧失三万六千大军的可能，即丧失三千六百人，恐也将使全城为墟了。伊那坦得胜后，又长驱直入至安马，安马的前王已逃或已死，他便和新王讲和，得回所争的土地，立约在二国的边境上掘一道界沟。于是伊那坦便回军葬了自己的人民，而任凭鸟兽去残食敌人的尸体。鹰柱的取名，即由于柱上的图里有鸷鹰的飞啄人体的图形而得。然过了许多年之后，安马却又乘机来报复前怨。他们以火与剑扫荡拉加士全城。在克洛斯氏在荒丘之北所得到的一片刻文上，记载着这次全城被毁的事。他说，安马在放火，在烧某处某处！他们劫去银物与宝石！他们在神坛前杀人！他悲愤哀吁，最后乃求他的城神对于这奇耻大辱，加以报复。

　　几百年后，拉加士一蹶不振，而在北方，有亚加朝代建立起一个强固的正式国家，自称"天下四方的王"。后来这国家势力渐弱了，城国便又暂时重现光明。在纪元前的2450年，拉加士在究第阿统治之下，复得到旧日的光荣。究第阿死后，拉加士的末日又至。吾珥（Ur）吸收各个散漫的城国。他们虽仍为旧王所统治，却已毫无实权的了。

第六章
巴比伦城

在古代的世界上，没有一个城邑有巴比伦那样给我们以深刻的印象的；尼尼微诚然有一个时期成为其对手，然仅不过一个时期而已。亚述所给予人类的，是暂时的大帝国，是瞬间的残酷的光华；巴比伦却有长久的历史，贡献给人类文化以无数的要品。尼尼微一蹶不振，而幼发拉底河旁古国巴比伦却又复兴起来，重建新帝国，放射新光荣。罗马使我们忆起巴比伦，然罗马的贡献，却不能与巴比伦相比，因罗马仅沿已修成的大路而走，巴比伦却是先驱者。

巴比伦的古址在幼发拉底河的东岸。在遗址之上，有五座重要的荒丘：一座是巴比尔①（Babel），在北边；一座是卡斯（Kass），即卫城，在中央；一座是安蓝（Amran-ibn-Ali），是古城的最南部；一座是和麦刺（Home ra），在东部；在卡斯和安蓝之间的是麦克斯（Merkes）；在安蓝易阿力之北和在它与麦克斯之间的，是萨求（Sachu）平原。

─────────

①今译为"巴别"。

　　巴比伦古址的系统的发掘，开始于1899年，发掘工作由
德国东方学会担任，其领袖是科尔第卫①（Koldewey）博士。
他在这废址上，工作十四年，常年有工人二百至二百五十
名；然而他的工作到1912年止，还只告成一半。这次发掘并
不怎样完满，因为全部的古址，除极少数的例外，都是属于
同一时期的，且是最后的时期。仅在麦克斯丘上，发现比新
巴比伦帝国时代更古的东西。在这遗址上所发现的古物，分
量很少，所以这次发掘，颇使人失望。然而德国东方学会的
工作，虽不完备，却有无穷趣味，可使我们对于这古代东方
的最光荣伟大的城市的文明，至少有一点观念。这次发掘的
趣味集中在三点：（一）防御都城的大城墙，即卡斯丘下的
大宫墙；（二）马杜克②（Marduk）或巴力（Bel）的庙宇，
即天与地之室；（三）它的巨塔，即巴比尔的真正的巨塔。
由北至南，经过全城的是一条大街，或巴比伦的圣道，在这
大道的中央，是白色石灰石，每块有1.05米突见方，边道为
红色泥石所砌成。每块石板，边上都有刻文，其文道："我
是巴比伦王尼布甲尼撒（Nebuchadnezzar），巴比伦王拿保
卜拉撒③（Nabopolassar）的儿子。我用石灰石（或泥石）砌
成巴别街，以便大神马杜克的通过。愿大神马杜克，给我以

---

①今译为"科尔德威"。
②今译为"马尔都克"。
③今译为"那波勃来萨"。

长生！"在这条大街与南边城墙相接之处，是一所易士塔①（Ishtar）门，这易士塔门，是古代巴比伦的光荣的最好的遗物。这易士塔门的两个东塔，至今仍有十二个米突高，雄伟而巨大地立在那里，且保存得很好，是美索不达米亚所有建筑中最动人的一个。城门是双层的，有一个外城房、一个内城房，每个城房都有两个门。这大城门的装饰是很著名的。城的全面都装饰以砖上浮雕的牛或龙的形象，而涂以鲜明的颜色，大部分是白色与黄色涂在鲜蓝色的背景上。这种兽像狞猛地对着进城的人，似欲扑过去。在城塔上及他处，至少有五百七十五个兽像。

在圣街的两旁，耸立着坚墙，墙上也砌着狞猛的狮像。在城门的左边，是一所小庙。在右边，是南御墙和宫殿。但我们现在可以不必详述其城市的情形。在全部发掘中，最有趣味的却是宫殿区域南部的平地所谓"沙契"。在那里发现一道大砖墙，这墙有两重，在西南角，有一座大塔；东门有两座大厦，各有天井，这大约是庙宇的储藏室，在南边又有一带大房子，大约是祭师们住的地方，在那里，站着一所大庙的遗址。这是巴比伦最高的神马杜克或巴力的庙。这塔是"天与地之室"。这座庙宇之证实，乃由于找到几个有刻文的砖块。我们在那里找到巴比伦信仰中心神坛了，找到真实的巴比尔塔②了。

---

①今通译为"伊师塔"。
②今译为"巴别塔"。

　　发掘者于是又转到和麦刺荒丘上，在那里，他们很失望地得不到一点房屋的痕迹，这荒丘是一片的灰烬与破瓦堆，其中有的是断砖残石，刻有尼布甲尼撒的印文的，还有几个希腊的烧泥人像。在塔边也找到了同样的希腊泥像。这希腊泥像与巴比伦的砖石的集合，证实古代传说的亚历山大大帝要重建废圮的巨塔而未成的事。

　　就所发现的房屋建筑而言，完全是后期亚述的或新巴比伦时代的建筑。但在麦克斯荒丘里，发掘者却渐渐由帕提亚①（Parthia）的、希腊的、波斯的、新巴比伦的遗迹，而找到藏有米罗达巴拉坦②第一世（Merodach-Baladan I）和恩力尔那丁商（Enlil-Nadin-Shun）时代的刻文。在最低的地方，竟有第一代的契约文版发现。在那地方，他们已到巴比伦历史的开始了；这城市在早期是被大火所焚的；这事实证明第一巴比伦朝代的灭亡，为卡息特③（Kassite）朝代的兴起开一条先路。在这最早期的巴比伦时代，房屋是密接在一处的，但街道却很有规则。主要的街道由北往南，别的街道，与它呈直角相遇。在实际上，第一代的巴比伦，已表示出应用科学的基础来建筑城市的最初的努力。

　　以上是发掘巴比伦古址的成绩；至今还不过发掘一半的区域，等到工作完成，恐怕还有许多年。但即就如今发掘

①即"安息"。

②今通译为"米罗达巴拉但"。

③今译为"喀西特"。

的成绩而言，已足使我们知道传说中的第一世界都城的伟大光荣，并不是过度的夸张；这古代东方的大城，在人心上记忆住了四千年，并不是没有原因的。在《旧约》里飘流在外的犹太人所见的新帝国之灿烂的情形，今还如昔；马杜克大庙遗址之雄伟，圣街的整洁与巨大，易士塔门之庄严华丽，今还如昔。然这次发掘的结果，所最感不足的，是没有发现多少关于巴比伦的文学、宗教及法律的东西。然这有雷雅特（A.H.Layard）在尼尼微所发现的许多刻文的石版，可以供给巴比伦研究者以许多材料。雷雅特发现两大室的石版文书，其中不仅记载亚述的事，也记载巴比伦的事。这些石版共约三万枚，真是古代文学中最可宝贵的东西。以后，美国人彼得斯（Peters）、痕兹①（Haynes）和喜尔普勒赤②（Hilprecht）又在尼帕（Nippur）发现许多的石版，共约二万枚，因此，又增加不少关于巴比伦文学的材料。

但关于巴比伦的法律的材料，古人所夸耀巴比伦人为"法律之源泉的"其主要材料却不在巴比伦本土，而在它的东边外，巴比伦古代的世仇以拦③（Elam）境内。今日之苏撒④（Susa）城，古时曾为以拦人的国都。摩尔根（M.J.de Morgan）在1901年至1902年，在苏撒城从事发掘，得到三

---

①今通译为"海恩斯"。
②今通译为"希尔普雷希特"。
③今译为"埃兰"。
④今译为"苏萨"。

大块的黑石，这三大块的黑石恰好拼合在一处，而成为一圆形的纪念幢，约有八十八英寸高，圆径在底面有七十三英寸，在上面有六十五英寸。现在这黑石在巴黎的卢甫耳①（Louvre）。在上端有浮雕，表现伟大的王罕穆剌俾②（Hammurabi），从日神沙马③（Shamash）那里接受他的法律。在这个浮雕之下是刻文。刻文分为许多界条，每条是由上而下的，而文字则自左而右，因此读文者须斜了头去读。石前有十六条。还有五条已经涂灭不可辨认。背后有二十八条。全部共四十九条，四千行，约有八千字。涂灭五条的内容大约是以拦王战胜巴比伦夺去此幢时的事，因他欲记载自己的功绩，后来大约不曾实行。这石幢是世界最早的法律记载，其年代约在纪元前二千年。

①今译为"罗浮宫"。
②今译为"汉穆拉比"。
③今译为"沙马什"。

第七章
尼尼微

在人类历史上，没有一个国家有如亚述帝国（Assyrian Empire）的兴起之暴而灭亡之速的。当其盛时，它在东方为人人所畏惧；到它的灭亡之后，却没有一个人记住它；它的遗址不久便被人所忘了；它的绝世的威名，光华横残暴虐，俱成过去的一梦。巴比伦（Babylon）帝国在亚述未兴之前几百年，已经是东方文化的中心，到亚述代兴时，它便暂时匿迹；然亚述不久即灭，它却又重兴起来。这是两个美索不达米亚古代大帝国根本不同之点。

亚述人古代威力的集中点，是亚息①（Assur）、卡拉（Kalah）和柯萨巴（Khorsabad）。然而仅在大威权者西拿基立（Sennacherib）时，尼尼微（Nineveh）才进到全盛时代。世界上没有一个城市曾在那样短时间内，能在人心上有那样深刻的印象的。尼尼微实是亚述帝国文化与威力的结晶。亚息可算是亚述权力最古的所在，卡拉可算是战争最有

---

① 今译为"亚述尔"。

成绩的所在，柯萨巴可算是在实际上比尼尼微诸王更伟大的专制者萨尔恭^①（Sargon）的纪念地；然而尼尼微的西拿基立却给古代东方以世界征服者的印象；他压迫古代的埃及帝国，扫荡光荣的巴比伦帝国。而他的孙子亚息本尼巴^②（Ashurbanipal），更完成他的丰功伟烈，攻下底比斯，打倒尼罗河畔大帝国的威势。当时全世界都颤抖抖地站在这新兴大帝国之前，任凭他践踏而不能反抗，而他则到处劫掠奢杀，野蛮残酷，世间无比。尼尼微在历史上，约有一百年是人类心目中最可怖的都城；然后她的巨大能力消耗净尽，她便暴灭。亚息本尼巴死后不到二十年，新巴比伦帝国的创建者拿保卜拉撒（Nabopolassar）联合米太^③（Media）人起来反抗亚述；亚述的最后一王辛沙立士坎^④（Sin-Sharishkun）战败之后，和他宫殿一同焚为灰烬，而尼尼微的光荣便跟了成为灰烬。尼尼微军队所惯施于人的焚掠，如今也临到自己头上了。

此后，尼尼微便无人提起，仅有底格里斯河两岸的两堆荒丘，相传为她的遗址而已。而真正的尼尼微的所在，迄无人知，也无人去发掘。直到二千五百年后，即19世纪中叶，尼尼微方才又被人发现，同时发现的，是她的文化武功，与

---

①今译为"萨尔贡"。
②今译为"亚述巴尼拔"。
③今译为"米提亚"。
④今译为"辛沙里施昆"。

她的不可及的光荣。

　　在1842年时，波塔（Paul Emil Botta）被任命为摩苏尔（Mosul）的法国领事。他那时是三十七岁，关于东方的经验学识，都极丰富，且有精敏的观察力与耐苦的精神。同年十二月，他在摩苏尔对面的两座荒丘中的北边一座名为考央吉克[①]（Kouyunjik）的，开始发掘。其初工作得到结果很少。仅掘出许多残碎的浮雕，但没有完整或巨大的东西。他并不灰心，仍继续发掘，直至1843年3月。在他开始工作时，曾有一个阿剌伯[②]的染工，从柯萨巴村来，经过这座荒丘，停步问他们发掘的原因。他们告诉他说，要发掘刻有文字的石块。他说道，这种东西在他村庄附近多着呢。并答应带许多给波塔，虽然以后这个染工曾带了两块刻有文字的砖到摩苏尔来给波塔，但他并不曾注意。到了1843年，他已失望地将要停止发掘荒丘时，方才想起亚剌伯人的话，便命工人到柯萨巴的荒丘去试掘。他们立刻便证实亚剌伯人的话不错。波塔匆匆地到柯萨巴。他只想在那里停留一天，然而他所眼见的古物，已足引他住下，且使他送报告和图形到巴黎。他在信上说道："我相信我自己是第一人发现那种雕刻，有理由可以证明属于尼尼微的盛时的。"当那封信在亚细亚学会宣读时，引起法国人的热心。自此，古代的东方乃开始复活。法国政府立刻允许他继续进行发掘的工作，并允

---

① 今通译为"库云吉克"。
② 今通译为"阿拉伯"。

运回所发现的古物。同时，波塔却在柯萨巴和气候、疾病，以及居民的反抗，并土耳其政府的阻挠相敌下，不知经历多少困难，方才战胜一切；在1844年，得到发掘的正式允许。他雇用三百名工人发掘着。到1846年，古代的雕刻，运到巴黎，法国人的热心更激起百倍。当那些巨大有翼的牛，表现着绝世的力量与庄严，那些精美的浮雕，活现一个久已过去的民族的战争与和平的景象的，一旦由黑暗的地中掘出，而放在全世界之前，直如使那光荣的亚述大帝国在今日复活一样。对于这次发掘的结果，波塔曾出版十五大册的书以叙述之，书中附有五百幅的插图。1851年，法国又派普拉斯（Victor Place）到柯萨巴去继续发掘，完成波塔未竟之功。普拉斯所发现的古物，不幸有一大部分在运回法国时，沉在底格里斯河。然而这几次的发掘与所得东西，已足证明埋没在柯萨巴荒丘下的大宫大城，是有如何的伟大光荣的历史。同时，学者们如罗灵逊①（Rawlinson）等，又努力于发明波塔等所发现的刻文的翻译的关键。他们研究的结果，说波塔所发现的，不是如他所想象的尼尼微，乃是萨尔恭（Sargon）的都城；萨尔恭是撒马利亚的征服者。（纪元前722年）

萨尔恭的都城（Sargon-Burgh），占地七百四十亩，约有人口八万。它的坚城，共有八门，王宫在城内西北方，建

———————

①今译为"罗林生"。

在一座高约四十五尺的台上，占地约二十五亩。王宫的西方，有一所庙宇。西南方的中央，有一座高塔，亦是属于庙宇的。

在亚述与巴比伦的发掘史上，有许多发现，也许比波塔这次的发掘更为重要，然而却没有像他似的引起西方人对于古代东方那样深切的兴趣的；波塔使萨尔恭的王宫，一旦复见天日，且使久已完全消失于人类视线外的一个艺术的大时期，第一次复见天日。

正当法国人为波塔的大发现所震动时，英国人也为他们的国人雷雅特（Austen Henry Layard）的大发现所震动。雷雅特原是波塔的同事；他在少年便有发掘东方的雄心。1840年前后，他到美索不达米亚探望好几座荒丘；1842年，他在摩苏尔和波塔相见。那时波塔正在从事发掘。他毫不猜忌地将已得成绩，显给雷雅特看。雷雅特因此更为热心，要从事于此。他旅行终了时，住在君士坦丁堡[①]，为英国公使坎宁（S.Canning）的助手。坎宁听见波塔有那样好的成绩，也不禁跃跃欲试，且经雷雅特的劝说，便先付六十镑给雷雅特为发掘用费。雷雅特带这少数的钱，在1845年10月，去发掘尼尼微的故址。他决定先试掘宁穆禄[②]（Nimrud）荒丘，这座荒丘，由摩苏尔沿底格里斯河下行，五小时可到。然他的工作，却为当地土耳其的长官所阻挠。他知道不能得到

---

①伊斯坦布尔的古称。

②今通译为"尼姆鲁德"。

发掘的允许，便假充打猎，带了几个人，藏了锹铲，乘筏顺流而下，到宁穆禄。立刻便和立墓于荒丘之旁的阿剌伯酋长结为朋友。因此，他能雇到阿剌伯工人。没有一次发掘，有雷雅特那样顺利的。他刚刚着手发掘，在午前便有一室，界以有刻文的石版的，被发现出来。他命三个工人继续在西方发掘，而命其余的工人到西南方去。在日落之前，这两队工人，又掘出界以有刻文的石版的房两间。一天的工作，六个人的工作，却发现两座亚述王宫！（经后来的发掘而知之。）以后几天，工作甚顺利，第一片的浮雕，也发现了。1846年2月，国王们、宫人们、兵士们的雕像，有许多被掘出；继之出土的是个人头狮身、有翼的巨大雕像。这像气象雍和而庄严，是古代雕刻中很精美的代表。此后，又发现许多有趣的浮雕，在其中，有藏在英国博物院①里的表现打猎的景色的一群浮雕。即在亚述的著名雕刻中，也以有力与有精神见称。

在他工作时，雷雅特显着不倦不懈的勇气与信仰。他暂时离开了宁穆禄，又到摩苏尔对面的大荒丘考央吉克上试行发掘。他得到几个雕像，他以为这些雕刻，略后于宁穆禄，而与柯萨巴所发现者同一时代。他回到宁穆禄，复在西北方宫殿发掘着，得到保存得极好的雕像。连未受教育的工人，也极热心于这个工作。1846年，雷雅特送一部分的古物到伦

---

①今通译为"不列颠博物馆"，亦译"大英博物馆""英国博物馆"。

敦去。在同时，他又在西北方宫殿进行发掘，证明这宫殿是国王亚息那策巴[①]（Ashur Natsir Pal）（纪元前885年至前860年在位）的；有一群非常精美的石版被掘出土，表现着这国王在战争时与和平时的光荣。所有亚述的战争与狩猎，都极活泼真切地表现出来了。在荒丘的中央，是亚息那策巴的儿子沙尔马尼则[②]第二世（Shalmaneser Ⅱ）（纪元前860年至前825年在位）的宫殿。雷雅特的壕沟掘到五十尺长，尚未发现重要的东西，他正预备放弃不顾时，工人忽然掘出一尊近七英尺高的黑云石幢，证明其为沙尔马尼则的纪功碑。四面刻有二十个浮雕，二百十行的楔形文字。他的工作到1847年，已发现亚息那策巴宫殿的二十八座大厅。雷雅特便想运输一对有翼的狮与牛回去。在那时，已掘出十三对这样的雕刻。这个运输，虽不方便，却终于成功。但雷雅特在宁穆禄所发掘的城市，还不是真正的尼尼微，而是卡拉（Kalah），在尼尼微暴兴之前的时候，曾为亚述的都城二百二十年（纪元前885年至前668年）。以后，他又到亚息的古址（亚述最古的都城）和考央吉克，真正的尼尼微的古址上工作着。他的工作虽不过是试掘，却结果极好，已发现大火所焚的西拿基立（纪元前705年至前681年）的大宫殿的一线痕迹。他的工作不过二年，而已有这样好的成绩，真是发掘史未之前闻的奇迹。1849年，雷雅特受英国博物院的委托，重到考央吉

---

①今译为"亚述那西尔帕"。
②今译为"萨尔玛那萨尔"。

克发掘尼尼微。目的在发掘西拿基立建造的西南方的大宫；这座大宫在米太人的军队攻陷尼尼微时被焚；许多刻图刻文的石版，俱为大火所灼，或断或残，然而他仍得到许多的图画，记载西拿基立在巴比伦、叙利亚及他处的战功。以后，考察七十座大厅和长廊之后，知有许多宫室，是西拿基立的孙子亚息本尼巴所添建的。在所有的发现中，最重要的是王宫的两间藏书室；从地上起有一尺多高，满堆着大大小小的刻文的石版；有的完好无缺，但大部分却都是破碎的。最大的石版，是平面的，约九英尺长，六英尺半阔；较小的，微凸；最小的，长不到一英寸，只刻有一二行文字。刻在这种石版上的楔形文字，有时极小，非用放大镜不能看得清楚。这两间藏书室是许多名王收集的结果，亚息本尼巴收集的尤多。这种发现，价值不能限量。我们现在立刻和古代的原作相见，而直接知其历史、科学、法律、文法、宗教等等的情形了。且这种图书，不仅限于亚述一国的事；亚息本尼巴还知注意于收集巴比伦的图书；有许多石版是钞录古代巴比伦的文字的。所以我们研究巴比伦时，这些图书又是极重要的宝库。

　　雷雅特的发掘的工作，至此已登峰造极了。1851年4月，他便离开尼尼微，而将工作交给他的助手刺萨谟[①]（H.Rassam）继续进行。1853年12月，刺萨谟发现亚息西尼

──────────

①今通译为"拉萨姆"。

巴①的大殿；这位皇帝，是亚述最后的威势赫赫的皇帝，希腊人称之为萨达那佩拉②（Sardanapalus）。剌萨谟在这王宫中，发现王家图书馆的第二部分。此外，最有趣的发现，是一群奇异的雕刻的石版，表现国王猎狮的情形。如将亚述的艺术加以比较研究，则这一群的石版，和雷雅特在宁穆禄所发现的属于亚息那策巴的一群早期的石版，便立刻可以看出其区别；早期艺术，有的地方比后期的有力量，然而后期艺术，却有更为精美的。无论古今的兽类雕刻家，没有一个曾比那个纪元前650年的亚述雕刻家表现野兽的威猛更忠实、更真切的。狂怒的狮子，咬住了车轮；受伤的母狮伸长头颈，表现出临死时悲楚的挣扎；国王骑在马上，脸上现着又喜悦、又紧张的神色，在猛追着沙漠中的野驴。这些景象都是极可赞颂的。

在发现狩猎图的大厅的中央，剌萨谟又掘出好几千块的石版；其中有不少关于巴比伦与亚述神话的记载。在剌萨谟之后，罗夫塔斯③（Loftus）继之，从事于考央吉克的发掘；他的最大的成功是发现有名的浮雕，图写亚息本尼巴和他的王后同在一个花园中宴会的情景。但这时，发掘的费用已不够，于是发掘的工作只得中止。同时，亚述学的研究，根据雷雅特及剌萨谟所发现的刻文，建立研究楔

---

①今译为"亚述巴尼拔"。

②今译为"萨丹纳帕路斯"。

③今通译为"洛夫特斯"。

形文字的坚固的基础，遂得以通达这种无人懂得的"箭头书"的意义，而重建巴比伦及亚述的历史、神话、宗教、法律等等的系统的研究。在这些学者中，最重要者为罗灵逊（Rawlinson）、奥拍特①（Oppert）、兴克斯（Hincks）及品拆斯②（Pinches）等。

---

①今通译为"奥佩尔"。
②今通译为"品克斯"。

第八章
推来城

在许多次的古城古墓的发现里，最可诧异的，是推来（Troy）城的发现。发掘推来城的主人公是德国人舍利曼[①]（Heinrich Schliemann）。说来可怪，他之立志发掘推来，在读荷马（Homeros）的大史诗《伊利亚特》[②]（Iliad）时；在他之前，没有一个人不以为这篇诗是虚无缥缈的歌咏，推来是荷马脑中的城；十年大战是荷马虚构的空中楼阁；赫楞[③]（Hektor）、赫克忒[④]（Hektor）、阿溪里[⑤]（Achilleus）、攸力栖兹[⑥]（Ulysses）是荷马随意创造的人物。假定有人说，推来实有其地，十年大战实有其事，赫楞等实有其人，则无论何人。都将掩口而笑，以他为发狂。然自舍利曼的推来发掘成功以后，人的眼光却全变了。方才知道，推来城不是荷马

①今通译为"谢尔曼"。
②今通译为《伊利昂纪》，亦译《伊利亚特》。
③今译为"海伦"。
④今译为"赫克托耳"。
⑤今译为"阿喀琉斯"，亦译"阿基里斯"。
⑥今译为"尤利西斯"，即希腊神话中的"奥德修斯"。

脑中所造的城；十年战争不是荷马虚构的空中楼阁；赫楞等不是荷马创造的人物。于是荷马的研究，别开生面，荷马的史诗别有一重价值，希腊的古史，别添篇页。

舍利曼生于1822年。在他孩提时代，他的父亲常将希腊故事说给他听，他心中充满这些故事的影子，每每沉醉于希腊英雄的冒险与勇敢。在他看来，那些故事都是真的，荷马所歌咏的英雄行为都是不假的。他的心紧为他们所捉住。有一次，他得到一本插有一幅推来城大火时的图的书，他心中更除去一切疑团。他看见推来城在延烧，一所所的宫殿房屋逐渐地为红焰所吞没，他看见不幸的推来人在惊号，在奔逃。他对他的小伴侣说道："我要去寻找推来。"

他们讥笑着他；他默默不言，心中受伤了，他不明白他们为什么不和他一样的热心。

以后，舍利曼的家境贫穷了，他的童年不得不在一家杂货铺中度过。他每天做十八点钟的工作，而他的心，仍然专注在推来城。这种矛盾生活的痛苦，是不必说的，然他又不能脱离这种生活。他的主顾都是些粗野不学的人，他与他们长时间接触之后，几乎把从前所学得的一点拉丁文都忘记了。他想求知识，却没有时间去得到。他没有假期，没有快乐，除了几点钟的睡眠以外，便是不息的工作。在这种环境，他还不时地记忆着他的父亲为他讲述希腊英雄故事的快乐时代。他不时觉得前途有一线光明。他的发掘推来城的童年的梦，深埋在心底而保存着，并不曾毁掉。

有一天，他因举重物受伤，不能再在店中工作。他不知怎样办好，贫乏、疾病交迫着他；他到汉堡，没有人雇用他。最后，他到一只船上做侍童。不幸这船在中途遇险，他和水手们幸得逃生至荷兰海岸。这时是舍利曼一生最黑暗的时期。他不得不求乞糊口。后来，在一个事务所中，得到小位置。他的心中又生新希望。他忍饥耐苦，省钱买书，有机会便拿来读。在六个月中，他学会英文，再六个月，又学会法文。他发狂似的去求知识。他的向未发展过的头脑，忽然地觉醒了。他有一种不可及的学习语言的天赋。以后几个月，他又学会荷兰文、葡萄牙文、西班牙文、意大利文。他不肯停止。他又想学俄文，而在六个星期内，他居然会写俄文信了。这时，他已经二十四岁。主人命他到俄国去办一件事。在一年之内，他在俄国自己开始营业，决心要积钱实现他童年的梦。有一件事是很可怪的，他崇拜希腊，他敬爱荷马，然而他却费许多工夫去学习许多外国语，独不肯去学希腊文。其实他是怕学希腊文，怕这种迷力极大的文字一捉住了他，他便将完全忽略了他的营业，将永不能有力量到荷马所歌咏的地方去了。他之经商也如他之求学，全副心力都集中在商业上面，他的唯一目的便在得钱。十年之后，当他三十五岁时，他已经成了富翁。他可以随心所欲地生活着。于是他便用全副心力去学希腊文，而在六星期之后，已经学会。在三个月之后，已经能读荷马的原文。

　　舍利曼在周游世界之后，便到他所梦想的希腊。别人都以为荷马的史诗仅是传说，他则始终相信这是事实。许多人都疑推来城是虚无缥缈的，他却全心相信这是实在的城市。这时，刚好雷雅特发现尼尼微古城，因此，更引起他发现推来城的欲望。他以为雷雅特能使尼尼微古城复见天日，他也能将推来古城掘出。

在1870年时，他到推来平原的喜萨力克①（Hissarlik）山上，这地方离达达尼尔（Dardanelles）不远。他上这荒山，心里觉得在他的足下便埋着推来的古城。他用三百镑从土耳其地主购得地基。经过种种的困恼的迟延后，便在1871年，开始发掘。他督责着工役向山的中心掘去。许多工人不息地工作着。从早至晚，他都亲自在工作场中。他的妻是希腊妇人，和他一样热心，亲自同女仆执铲掘地。

舍利曼心里很快乐，每当他掘土的时候，总是聚精会神地工作着。他的大敌便是节期与雨天；因为在雨天，工作便不能进行，在节期，希腊人便不肯做工。所以在这些日子，舍利曼便坐在家里，写着他的发掘的经过。他将古城由泥土中掘出，在第一城之下，又见到第二城。舍利曼觉得很可怪。掘得愈深，他的诧疑更甚。原来是一座城立在别一座城的上面，一种文明紧接着一种文明而来。几千年的历史，都集中在这个地方。当一种人民已灭亡而覆于土中时，在这座古城上，别一种人民又建立新城。所以这城之古，远在希腊

---

①今通译为"希萨立克"。

人之前，远在推来人之前，而属于与克里特有关联的人民。

原来的山丘，其离大与年代俱增。古城历被埋没，于是山之高度较第一城所立的原来平地，多五十英尺，其长度较原来长度，大二百五十英尺；在别一个地方，却增长了一百五十英尺。

在这古城堆中，他发现无数的古物、城墙、古瓶、石斧、铜针。他的工作，极可惊异。他将寻找出来的东西，每件都注明在哪样的深度中得到，且赏钱给找到的人。如果有一片记着文字的破瓶片被发现，那发现的人，便可另外支薪。工人自然更热心地去寻找。有的人在一片破瓶片上，假刻款记想去欺骗他，不久便将这虚伪揭穿了，伪造的人不仅不得到赏，反受责罚。工人自此便知道不能用这个方法来欺他了。

这座山，如蚁垤似的，工人攘攘往来，或掘地，或挑土，他常时雇用一百五十名工人，此外更有马匹车辆。有一个时候，几个工人不幸被埋在倒塌下来的土中。他便焦急地亲自动手去救他们。

荷马称推来为"风地"，不是没有理由的。舍利曼亲自经验到那扫过平原的大风。有时，天气突变，大风吹过，几乎要将他们冻僵。这时，唯一的求暖方法，便是到地道中去，在山上工作着。

几十万吨的泥土，被移开去，乃得在山中开辟如斜坡似的一条大路。在一条地道中，舍利曼经过两层十英尺厚的城墙，过了一会，他又得到六英尺及八英尺厚的两座城墙。他在喜萨力克山，本想寻找一座古城，结果却得到七座，一座城建在别一座之上，有许多层的灰烬与遗残的砖石，夹杂在各城之间，表示古代焚杀的经过。在有些地方，灰烬有五至十英尺高，为在此荒丘间历年历代经过兵火的证据。他找到他的推来城，是第二城，在三十英尺深的上下；这城在希腊人攻取之前，已有许多年的历史。他掘出古代的城门；当他在门旁掘过城墙时，他的眼第一次看见了伟大的推来的宝藏，金杯、金壶，以及银爵；有的金杯重过一磅，银杯则倍之。还有颈圈和别的珠宝；这些东西都是匆促间抛在城墙的一个洞中，仿佛是当时有一人带了这些珠宝逃走，又抛在那里的。

舍利曼立刻命令他的工人去早餐，不使他们知道这发现，他谨慎地用小刀将这些珠宝由遗物中割下，交给他的妻，而她便藏在外衣之内，匆匆地带到山上木室中。在他上面的重厚城墙，时刻有倒塌的危险，但他却不顾这一切危机。

舍利曼在喜萨力克山掘了三年，发现废圮的殿宇、城堡、城墙。在上面所说的那个第二城的南面，他见到三个城门。舍利曼以为这城一定是推来城了，这大城门一定是荷马所叙的斯揆安门（Skaian Gate）。在这城堞之上，是当年推来王普赖安[①]（Priams）坐在那里观战的，是绝世美人隶楞

[①]今译为"普里阿摩斯"。

在那里观看巴里斯①（Paris）与门涅雷阿斯②（Menelaus）单身相斗的。他以为他的目的已经达到了，他的推来终于得到了。这个发现是在1873年5月。同时，所得到的金杯珠宝，他则名之为"普赖安的宝物"。并且全城都是火焚的遗迹。于是舍利曼满心高兴地发表了他的推来古物记。全世界的视听，都为之震动。有的赞成，有的反对；赞成的在英国有大政治家格兰斯顿③（Gladstone），反对的为无数学者。学者们不相信这座小城，建以小石与泥土的，便是十年久攻下不，海王坡赛顿④（Poseidon）与日神阿坡罗⑤（Apollo）所建的推来城，且所发现的古物，也较荷马史诗所写者为粗率。他发现的铜的兵器，荷马所写的则为青铜及铁的刀戈。以后，这个见解稳固了。舍利曼自己也承认他所发现的并不是真推来城，不过他仍相信真的推来城仍在这地方，他所选定的位置并不错。然而他虽不曾见到荷马的推来，他却发掘了远在荷马之前的一种文化，第一次使人家注意到去研究欧洲文化的起源，其时代与性质和尼罗河及幼发拉底河的两个文化是鼎足的，虽然他所发现的是在亚洲的土地上。同时，因为"普赖安的宝物"的发现，土耳其政府便千方百计阻挠他的发掘的进行，且在法庭控告他，罚他一万法郎。他

①今译为"帕里斯"。
②今译为"墨涅拉俄斯"。
③今译为"格莱斯顿"。
④今译为"波塞冬"。
⑤今译为"阿波罗"。

在1876年4月，又开始在喜萨力克发掘，然当地官员尽力阻挠，竟使他不得不中止工作，转到希腊地方，去发掘迈锡尼（Mycenae），得到极大的结果。这将在下文叙到，这里不多说。在1882年，他又到喜萨力克去工作，同去的是多耳斐尔德①（W. Dorpfeld）博士，是著名考古学家。结果，他们一共发现九座古城（据舍利曼计算是七座）；一座建立在别一座的遗址之上。这次发掘还不曾竣工，舍利曼便于1890年死在那不勒②（Naples）。他死后，多耳斐尔德方才发现第六城，是真的推来城。他耗了全生的精力，去发掘推来城，却在未及见真的推来城时而死去！然他的工作是不朽的！他所给予世界的，乃远出于他自己预料之外的伟大；他所发现的不仅是荷马的推来，不仅是证实荷马，添加希腊史的篇页，而且将欧洲文明的起源、地中海文明的曙光，射照在学术界上。这便是他的工作的最伟大处。

---

①今通译为"多波菲尔德"。
②今译为"那不勒斯"。

第九章
阿加绵农墓

　　如今将专叙舍利曼发掘迈锡尼的事。上文已说过，他在喜萨力克的工作不能进行之后，便转到希腊地方，去发掘迈锡尼，要发现阿加绵农①（Agamemnon）（希腊军攻打推来时的主将）的墓。这发掘又得到意外的成功与影响。

　　我们欲得知希腊有史以前的文明与生活的状态，除在荷马两大篇史诗之外，必须将相传的后来希腊文化除去。在有史以前的希腊，住的是别一种人民，它的衣服、风俗、文化、艺术一切与后期的希腊文化绝不相同。（虽然这文化，也混入后期的希腊文化，而成它的元素之一。）在希腊有史以前，无所谓后来的"城国"，有的是建于山上的小城堡，一个国王居于其中，这个小城堡直是"强盗国王"的巢穴。这些国王，也许和阿加绵农一样，是人中之王（Lord of Men）；但他的生活，却是简单的强盗生活；他们的职业便是劫掠和打仗。他们的领土，小得一望而尽。最好的例，便

---

①今译为"阿伽门农"。

是雅典的城山。然在那地方，遗物已无可得，后期的希腊文化，已将前期的完全覆蔽了。使我们尚可见这些有史以前的"强盗国王"的真相与他们的文明的，是舍利曼在亚各斯①（Argos）所发现的两个岩堡，约建于西元前二千年至一千年。这便是迈锡尼，是人中之王阿加绵农统治的地方，和泰麟兹②（Tiryns）。其遗迹都完全地保存到现代，几乎没有被变更过。在那里，还可看出那时代"城宫"或"岩堡"的特质，还可看见剪径劫船的事，成为有地位、有勇气的男人的天然的行动。据理想的见解，初有拍赛德（Pesseid）种由海道而至亚各斯，立足于泰麟兹诸地，然后渐到迈锡尼，然后，又有第二批的移民，住在亚洲的百乐丕达③（Pelopidas）种，由陆地经马其顿（Macedon）而至迈锡尼，夺取拍赛德人的城堡，而以迈锡尼为他们的首都。阿加绵农便是属于百乐丕达系的一个国王。他的领土虽小（在九英里之外，便是别一国王狄奥麦德④［Diomedes］的地方），却得到全希腊的敬服，所以阿加绵农虽智勇不过诸王，却被举为攻打推来城的主将。

阿加绵农在攻下推来归来后，便为他的妻克力腾涅斯特

————————

①今译为"亚哥斯"。
②今译为"梯林斯"。
③今通译为"佩洛庇达"。
④今译为"狄俄墨得斯"。

刺①（Clytemnestra）和她的情人伊吉狄阿斯②（Agysthus）所杀；随了他的死，迈锡尼的光荣，也渐渐消灭。后来多利亚③（Dorians）种向南侵略，攻下迈锡尼；迈锡尼便和推来遭到同一运命，被焚被劫于侵掠者之手；自此之后，迈锡尼乃不再现于希腊史上。多利亚人抛弃迈锡尼与泰麟兹而建都在狄奥麦德的亚各斯；古代的两个名城，遂成为荒墟，无人过问。直到舍利曼的发掘，而迈锡尼乃复现于世。

在泰麟兹，我们见到简朴的"堡宫"的完整的模型；在迈锡尼则其远古的光荣的文明，更可完全见到。迈锡尼发现在1876年，泰麟兹的发现，在其后几年。

舍利曼在1876年，到迈锡尼；他的工作，显著很大的成功，因此继续三季。在1884年，他又由喜萨力克回到泰麟兹工作着。泰麟兹在一山脊上，离海不过一英里。山脊是很小的，离平地只有五十九英尺，离海面只有七十二英尺，其长只有九百八十四英尺，其阔只有三百八十七英尺。这古堡虽小，却甚坚固。舍利曼所发掘的是堡宫的内部；以后的发掘，又寻到年代更古的一座宫殿的遗址。泰麟兹的建筑很简朴，完全是一个典型的荷马式的建筑，表现着由南而来的克里特（Crete）影响与由北而来的影响的混合式。其后来发现的壁画，表现的是猎取野猪的情形。一群的从人，或执猎

---

① 今译为"克吕泰墨斯特拉"。

② 今译为"埃癸斯托斯"。

③ 今译为"多利安"。

矛，或牵着跳跃向前的猎狗。两个宫人在车上沿林荫走去，观看他们。野猪狂怒地拒着敌；它的臼齿，巉巉地露出，在它之前，有两人的手执着两支矛，向它胸前和眼上刺去；在它之后猛狗在追扑着。这都可见是克里特的影响。

迈锡尼的发掘，所得较泰麟兹复杂得多。迈锡尼之所以招引舍利曼去发掘，又是荷马的魔力。波舍尼阿斯①（Pausanias）在他的《希腊游记》上，叙写迈锡尼的古迹很详细；他说："古城的遗址仍可见到，城门之上有狮子立在其上。还有属于亚特鲁斯②（Atreus）和他子孙的保存室物的地下室。有亚特鲁斯的墓，和伊吉狄阿斯在宴会上杀死的和阿加绵农同归的武士的墓。还有阿加绵农的墓，驱车者攸麟米顿③（Eurymedon）的墓。克力腾涅斯特剌和伊吉狄阿斯则葬在墙外不远之处，因为当时的人以为他们不配葬在墙内，那里是阿加绵农与和他同死的人所永眠的地方。"直到今日，波舍尼阿斯所描写的狮门，还是那样，毫无变动。门上所立的一对狮子，以及全门，都是古代艺术的最高作品。虽然现在已不承认它们为希腊最古的雕刻，却仍为最惊人的艺术。然舍利曼所注意的，初不在此。他全心要寻找的是波舍尼阿斯所叙的阿加绵农和他的同伴们的坟墓。他有意无意地选定离狮子门之内四十英尺的地方，开始试掘，而他所发

①今通译为"帕萨尼亚斯"。
②今通译为"阿特柔斯"。
③今通译为"欧律墨冬"。

掘的却正是他所要寻找的东西。在十二至十四英尺深的地方，工人掘到一圆形的粗坛。他们掘的地方扩大了，约在这坛略高的地方，又发现一圈石板，圆径八十七英尺，全都站在两行圆圈的边上。舍利曼立刻自信，已找到阿加绵农的会议室，是阿加绵农和希腊诸首领商议攻打推来的事的地方。但这决断如果不差，则荷马的英雄必定都是巨人，因为最低的石板，也有三英尺高，而最高的竟有五英尺。这个石圈，比较合理地来说，还不如当它是一种祭地。当时的人，必定在那里举行祭奠埋在地下的伟大的死者。离地面二十一英尺深之处，他又找到一堆人骨，这当然是被杀殉葬的奴隶，跟随主人到地府去服役的。更深九英尺，即离地面三十英尺之处，见到一座大坟，后来名为第三坟，这坟里葬的是三个妇人。离此坟不到五英尺，掘见一座更大的坟，葬的是五个男人。后来陆续发现三个坟，式样俱大略相同，葬的人多寡不等。最后，斯坦马塔克（Stamatakes）又发现第六坟，这坟里葬的是两个男人，直躺在石床上，手里执着酒杯，盔甲即在身边，足旁放着好些大瓶。这些圆圈的诸坟之发现，重大之价值乃在其中的财富与死者当时的精美的文化，有许多金的、银的、象牙的及铜的各种面具，手杖，指环，宝剑等等。舍利曼惊喜地宣言道：他已找到阿加绵农和他的部将们的坟了；他们为伊吉狄阿斯所谋杀，立刻下葬。视其埋葬时匆促无序的形式，可决其必为被杀后立刻入墓无疑。这个言论与发现，又震动全世界，在英国，格兰斯顿又为舍利曼张目，说他果然发现阿加绵农的坟。然而不久，学者群加怀疑，以为坟中之物，并不属于同一时代，死者的人数与男女性，也和波舍尼阿斯所叙不同；且葬仪之纷乱，也不过是坟顶与尸身相接触所成的结果而已。于是反对的意见，渐渐地坚固了，大家渐渐地由惊羡而冷笑了，他们讥笑舍利曼的幻想与对于荷马的过度热心。然而到今日，人又渐渐看到舍利曼的发现的真实价值。许多学者都以为这些坟里是否葬着亚特鲁斯和阿加绵农的一家，不能知道；然而这些坟确是一千七百年之前波舍尼阿斯所叙述的诸坟。至于这些坟是不是阿加绵农的，虽是极有趣味的问题，却不是重要的问题。舍利曼所做的，乃是出于他意想之外的更伟大的工作。不必问他已否真正地发现阿加绵农，他却已真正地发现英雄时代的希腊、远在有史以前的希腊文明；他要发现阿加绵农，结果，他所发现的却是古希腊的文明，证实有史以前的希腊、荷马所歌咏的希腊，并不是一个梦，乃是真实的英雄时代。

五十年前，论希腊史者，不敢叙到第一次奥林比亚①（The First Olympia）以前的史实，以为那都不过是传说，不足信的。格罗脱②（Grote）的十余册希腊史，即可以为代表。如今舍利曼却给他们以致命伤；他告诉他们道，有史以前的希腊，是真实的时代，不是传说，自有他的文明，不是诗人的想象；他拿出的是证据，是古代文化的成绩的本身，不是空

①今译为"奥林匹亚"。
②今译为"格罗特"。

言。于是便打倒一切的怀疑，将欧洲的历史，提前许多的年代。这重大的价值，也许舍利曼自己，还不曾想到呢。

在六个大坟之外，波舍尼阿斯所写的亚特鲁斯的宝库，也是一个坟；这在舍利曼之前，已为人所开掘，舍利曼不过最后清理之而已；第二个克力腾涅斯特剌的宝库，则为舍利曼夫人所清理，所发掘。亚特鲁斯的宝库可作为希腊古坟的代表，这些古坟，今所知者，至少有二十五所，存在希腊与克里特。这坟门之前，有两根支柱，今存于英国博物院。这是古代世界最大的工程与建筑之一。在同一山坡上，略近北方，又是一个蜂窝形的坟墓，即克力腾涅斯特剌的宝库；这坟没有前坟完整，有一部分已经毁坏，葬的是一个妇人，大约是一个埋在前坟内的大人物的奴隶，被杀殉葬的。如果这话不错，那么，这妇人一定是他生前所宠爱的，因为一般殉葬者的坟内都不曾有宝物发现，而她的坟中，却有两面铜镜，镜柄是雕花的象牙，还有几个金铸的饰物。

继舍利曼之后，而至迈锡尼者，尚有不少人，各有多少的发现，然而开其先路的却是舍利曼，却是受尽世人讥笑的舍利曼；所得最多的也是舍利曼。舍利曼初为杂货铺的学徒，却一心不懈要发现他的推来、他的阿加绵农；他没有见到真的推来城，他的阿加绵农也为人所反对；他在举世讥笑之中死去；死后还有人讥笑他的幻想。他也许一生便不曾有过多少的真实同志。然而他却百折不回地向前做去，他先预备发掘的资本，然后学习希腊文，然后开始发掘。他不怕人

第九章　阿加绵农墓

65

的讥笑，他不怕失败。学者们坐在他们的书室里，根据他们的古书与论理，嘲笑地驳斥他道，那不是推来城，举世皆知之道，那不是推来城。舍利曼却不为所动，仍然很冷静地在工作；学者们又道，那不是阿加绵农坟，举世都知之道，那不是阿加绵农坟，舍利曼却不为所动，仍然很冷静地在工作。他的成功决不是偶然的；他的成功是他的坚忍，是他不移的信仰，是他精锐的观察，是他的勤苦的工作。在许多次的考古学上的大发现中，没有比舍利曼的两次大工作，更艰苦的；在许多的徘徊于古城古墓间的大发现者之中，也没有一个比舍利曼更经历巨大的苦楚的。

第十章
克里特

在舍利曼的推来和迈锡尼的两次大发现上，已可见到希腊有史以前文化的一部分；然而希腊文明的根源，是从什么地方来的呢？要回答这个问题，须知英国人伊文思（Sir Arthur Evans）在克里特（Crete）岛上克诺索斯①（Cnosus）地方发掘的结果。克里特岛在希腊半岛之南，介于欧、亚、非三洲之间；它与希腊半岛之间，有无数小岛相联络着；在天然的地位上，它有在爱琴海文化史上占最古最重要的地位的资格。在希腊有史时代，克里特的地位，已早显衰颓；然当她盛时，她曾派遣八十只船加入围攻推来，她的领土内，有一百座城市；而她在希腊传说中，更显着极重要的位置。克纶诺斯②（Kronos）的妻里亚③（Rhea）曾逃到克里特，生出诸神之王与父的薛乌斯④（Zeus）；而在这地方的

----

①今译为"诺萨斯"。
②今译为"克洛诺斯"。
③今译为"瑞亚"。
④今译为"宙斯"。

狄克旦洞①（Dictaean cave）中，婴孩的薛乌斯为羊乳所饲养成人；在这洞里，薛乌斯与欧洛巴②（Europa）同在这里度婚夕，生下克里特的大人物迈诺斯③（Minos）。据说，薛乌斯的墓，也在一个山上。迈诺斯的传说，更为丰富。他是希腊的摩西（Mosheh），受法律于天的，死后，还在地府，成为裁判官。但迈诺斯却不是国王的名字，乃是一个朝代的国王们的尊号；在希腊故事中，他不因为是正直的立法者而成为重要，最重要的，却因为是暴虐的统治者。他是爱琴海上伟大的国王，派出海军，胁迫附近各地朝贡于他；他是古代最大的建筑家发明家第达拉斯④（Daidalos）的保护主。第达拉斯为他的主人造了一个可怕的铜人，造了亚立亚德泥⑤（Ariadne）的跳舞场，造了一所迷宫，住着神话中最著名的牛首人身的吃人者民诺托⑥（Minotaur）。民诺托每天要吃人肉，国王便命令各地每年献上童男童女；直到雅典王子提秀斯⑦（Theseus）杀死他，方才停止这贡献。在那时，克里特人掌握海权，他们在别人心上看来，都是恶人、攻略者。几个古希腊的历史家，也都记载着迈诺斯帝国的事；他们说，

①今通译为"狄克梯安洞"。
②今通译为"欧罗巴"。
③今译为"米诺斯"。
④今译为"戴达鲁斯"。
⑤今通译为"阿里阿德涅"。
⑤今通译为"米诺斯王宫"亦称"诺萨斯王宫"。
⑥今通译为"弥诺陶洛斯"。
⑦今通译为"忒修斯"，亦译为"提修斯"。

克里特王迈诺斯是第一个海王。总之，许多希腊传说，都以克里特为欧洲早期文化的起源，而在最近的发掘里，便证实了这种传说。

克里特的古迹的发掘，是十九世纪最后一年的事。迈诺斯帝国的都城，并不曾为人忘记，且常有人去游历。然其遗址却不足引诱学者去作进一步的考察。舍利曼曾记下克诺索斯，预备将来发掘。一个美国人，也曾到过可以望见克诺索斯遗址的刻法拉（Kephala）山上，因为有人说，废圮的墙石上刻有奇异的文字。然因为当地业主百端阻挠，一切发掘不能进行。1878年时，一个克里特土人，曾发掘一点古物，如大瓶与迈锡尼式陶器之类。直到1895年，伊文思博士才进行大规模的发掘。

伊文思发掘克里特的动机，在由雅典购到几块克里特的"印石"。1894年，他便在克里特的中部与东部工作着，想发现一种克里特系统文字的证据。他在这一点是成功的。在狄克旦洞中，他得到一片石版，刻着无人认识的文字。1900年，他买到克诺索斯遗址全部，开始发掘；结果是将人所忘记的一个古国，重放在我们之前。

没有一次的发掘，有他那样顺利的。他第一次发掘，费时九星期，雇用八十人至一百五十人；在这短时间之内，约有两亩广的史前的大厦已被发现。第一季季末，克诺索斯的宫殿，已可看出，较希腊半岛上的底林斯[①]与迈锡尼的宫殿，

①今译为"梯林斯"。

更伟丽。再经过几次发掘，那比任何古迹都更宏伟复杂的建筑，便出现于世。他发现几张壁画，其中有一个少年的半身像，虽是三千年前所作，但颜色鲜明如新。这是迈锡尼族男人的真形第一次出现于我们之前。由他的脸部，可以看出是古希腊式；而他的眼部，也是埃及画家所不能知道，而只有纪元前第五世纪前后希腊古典画家才能画得到的。长廊与宫殿的西边外墙，有几排的小房，显然是储藏油谷的地方，其中陈列着许多大陶缸，一间房内，已经陈列着二十个。这些大陶缸都绘有花纹，有的且甚复杂。有一个最美丽的，有五英尺高。这些陶器，舍利曼在推来也曾发现过，从前在克诺索斯遗址上，也曾发现过。由这些建筑上、陶器上，可知当年生活之奢华、文明之发达。在中庭和长廊间的几间房里，继续掘出许多宫廷生活中最有趣的古物。由好几种的证据里，伊文思断定这所"迈诺斯的王宫"，便是传说中的第达拉斯所建的迷宫。他又在宫中发现"迈诺斯的朝殿"；北边是一个宝座，沿着墙边是一行的低石椅。这是世界上最古的朝殿，自一位国王坐在这上时，离今已有三千五百年了。迈诺斯的王宫，与舍利曼所发现的特林斯与迈锡尼的王宫，有极不同之点；特林斯与迈锡尼是"堡宫"，四边都是坚墙，刻刻防备敌人进攻，迈诺斯的宫殿却毫无这种战备；这可见当时的克里特是和平的地方，绝不防敌人来侵略；他们的防御在海上，他们的权力在兵舰。当兵舰在时，克诺索斯可以不用一点防御，一旦海军力衰颓时，克诺索斯便毫无抵抗地任凭敌人侵凌了。在全宫的各处，都可见大火焚的痕迹，由此可知他们的海军，是终于衰颓了，敌人终于到过这里了。也许这样的焚劫，在它的长久的历史上，不只经过一次呢。许多刻文的泥版，都经大缸中的油火所烧灼，坚硬如石；在那样宏大的一座宫中，竟没有发现一件金属的器具，更不必说重要的宝物。由此可见克诺索斯的光荣与文明，乃是突然地摧毁的。他们的宝物，已被侵略者搜罗干净。此或由迈诺斯朝的诸王，已不能维持他们的海军力，或迈诺斯的海军，终于遇到更强的敌人，而完全覆没。总之，克里特的海权一经丧失，跟着丧失的是一切的文明、光荣和历史。

克里特的女子衣饰，和男子不同，在伊文思发现的好几幅小壁画上，所画的女子，衣服都是华丽而重多，不似希腊古代妇人衣裳轻简。见者简直可以他们为十九世纪中叶的欧洲女子的服饰。

由壁画上，由发现的仅余一头的牛像上，都可知道古代克里特人是喜欢斗牛的。这是极残酷的，斗者多为牛所杀，而他们则大都为非克里特人，大约是被征服的人。食人巨怪民诺托的传说，大约即由于此，而流传于希腊各地。

克里特人极好艺术，其工作的精好，是别种人所不能及的。在有的瓶饰上，以及在因倾圮而未被劫掠的一室内所发现的金属器具上，都可见其技术决非粗率，其最精美的，乃非希腊全盛时代的匠人不能为。然而有一个最可怪的现象，便是一切克里特的艺术品，无论壁画，无论雕刻，都是小规模的，找不到巨大的石像，也找不到巨大的壁画。在邻近的埃及，在同一时代（埃及的第十八代），其宏大无比的雕刻与大规模的工作，乃竟没有丝毫影响到克里特，这真是很可怪的。

据许多专家的意见，克里特的文化，其古远决不在她邻近的尼罗河文化与美索不达米亚文化之下，而她却是原始的，并不曾受过他们的影响。所以古代的地中海文化，可以说鼎足而三。这在欧洲的历史上，实是一个很重大的发现。

第十一章
巴力斯坦

上面讲到埃及的发掘、巴比伦的发掘、亚述的发掘、推来的发掘、迈锡尼的发掘，以及克里特岛上海王国都城的发掘，都各有丰富的收获，都各有惊人的故事、动人听闻的经过；然而讲到巴力斯坦（Palestine）的发掘，在全体上说来，结果却是失望。这地方是基督教《圣经》上极重要的地方。然而自从窝棱①（Captain Warren）开始在这里发掘之后，至今已经五十年，而十分重大的发现，却从不曾有过。在他们工作之初，发掘者和一般热心帮助者，希望是极大的，简直是无理由的大。他们当窝棱在巴力斯坦工作之时，便希望他的铲子一掘下来，便可完全解决《圣经》上的许多疑问。热心帮助者的梦想，集中于大卫（David）的战绩和所罗门（Shelomoh）的光荣等等。有的人竟还希望能够发现和耶稣接近的信徒的几封私信。然而这一类的大希望，却全归泡影。虽然在巴力斯坦，得到一块重要的刻石，然不是专门

_____

①今通译为"沃伦"。

发掘者所发现的，而是一位游历的教士，偶然得到的，而他还完全不明白他的发现的价值！

现在，人已明白巴力斯坦的发掘终于失望的原因；以后当不至再有什么痴想了。然而，醉心于波塔和雷雅特在巴比伦和尼尼微的大发现、马烈特在埃及的大发现的人，却不相信在巴力斯坦竟不会发现同样伟大的结果。但我们须知，在巴力斯坦的全部历史上，本就没有一个好好的组织和经历久长的国家，他们也不曾有和巴比伦及尼尼微相似的伟大宫殿，也不曾有和底比斯相似的宏丽庙宇。巴力斯坦之有中央的势力，仅为纪元前1000年时的事，且在古代东方史上，也不过昙花一现而已。就巴力斯坦所已知的历史上来看，我们实在没有勇气去希望在这个"圣地"得到可以和美索不达米亚及尼罗河流域的诸大国的最零星的遗迹相并的古物。虽说在所罗门王的简短的光华时代，有大工程建造着；然而后来的巴力斯坦历史，却使这些大建筑不能存在。巴力斯坦原是在行军大道上，无论是埃及人去征伐叙里亚①，或是亚述人南下去攻打埃及，巴力斯坦总是首当其冲。所以巴力斯坦是世界上战事最繁的所在；所以，她的大建筑，便很难存在了。在巴力斯坦的故址上，没有古城不是被毁得片瓦无存的，不仅是经过一次，而且是再三再四。而且，占据了巴力斯坦的民族，也此兴彼仆，不是一种。而这些兴灭无常的民族，如

----

①今译为"叙利亚"。

巴力斯坦的闪人①，或希伯来人等，本就不是建筑家或艺术家。他们每有大建筑，便要找外国工程师代劳。所以大规模或有艺术价值的古物或建筑，在巴力斯坦，实在没有多大希望去发现。且巴力斯坦的气候和土地，也没有保存古物的可能性，不像埃及终年少雨，土地干燥，能够将最精致易碎的东西，如纸草文书、象牙等，保存数千年而还不坏。

所以巴力斯坦的发掘，在一般人看来，其结果是出于初料的失望。他们没有惊人的发现，甚至没有可供一般人值得回顾第二次，或细看一会的东西。然而，在今日的考古学眼光上看来，一般人以为不值一看的东西，或者更比伟大的动人听闻的东西，更有价值；因此种貌不惊人的古物，在研究当时人民的生话上，是比大建筑、大石像更有可供参考的地方。在这一点上来说，巴力斯坦的发掘，虽不能说是有大成功，却也不能说是全然失败而无结果。

马卡力斯忒②（Macalister）博士，于1902年至1905年间和1907至1909年间，在基则③（Gezer）进行发掘，结果在巴力斯坦的发掘中，是最有所获的。虽所获不能和雷雅特之得到尼尼微的王家图书馆、卡忒之发现都丹喀门墓的惊动一世相比，然其在巴力斯坦的人民生活及种族文化上，却极有贡献。基则并不是巴力斯坦历史上最大的城市，也不

---

①今译为"塞姆人"，亦称"闪人"。

②今译为"麦卡利斯特"。

③今通译为"基色"。

是对于史迹有重大关系的地方。她是一座并不惹人注目的小坚城，巴力斯坦历史上的重要事实，差不多都是经过她的旁边而去。但正以有这原因，在别的著名的大古址上所不能得到的东西，在这小城的古址上，倒可以得到。她的三千年的发展，差不多都可在发掘的结果上见到。且耶路撒冷诸地，至今尚是人口众多、屋宇相望，发掘的工作，是极难进行的；基则是久无居民的地方，可以任凭工作者发掘。基则是半英里长，四百五十英尺至六百英尺阔的荒丘，高出地面有二百至三百英尺。荒丘的较低部分，是石灰石岩层，和耸立于南边的几座小山一样。上面部分，为三千年来叠积起来的灰烬余迹。这地方形势很好，水料的供给又冠于全巴力斯坦的诸城。她的最初出现于历史上，乃是纪元前1400年时，那时，她是服从埃及帝国的。在埃及的第十九代时，米棱塔①（Merenptah）攻下基则。后来，以色列人继埃及人来到这个城。以后此城又入以色列世仇非利士人②（Philistines）之手。大卫初得大功，即在此城下。所罗门时代，埃及王又攻下基则，放火焚毁，而将一部分给他的女儿，即所罗门的妻。同时，埃及人却仍握住基则不肯放手，所罗门的妻，不过实际上得其城民税款一部分而已。后来亚述人又占领此城。以后经过五百年的沉寂之后，在玛喀比③战争

①今通译为"莫尼普塔"。
②今译为"腓力斯人"。
③今通译为"玛克比"。

（Maccabaean wars）中，基则又是战争的中心。此后，她便永远不见于历史上了。直到了1902年的6月，她才复为马卡力斯忒的锹铲所发现。马卡力斯忒的发掘，其故事长而复杂，绝非这里所能细述的。总之，他却将这城市在三千年中的历史与变迁，都追究出来。他发现基则共有八层，表现这城历史的八个时期；在有的地方；六层是消灭不见，剩下只有二层。这可见后来的居民，在有的地方，竟收拾干净了前代的余烬，然后动手，重行建造。基则的房屋大都建于松泥上，经过雨水冲洗之后，便要崩塌。有一座房子塌毁时，压死一个母亲和五个孩子；当骸骨发现时，她手上尚执着刀；显然可知，她那时正备饭给孩子吃，全没料到房子的崩塌下来。在她的尸身上，尚附着衣饰，而墙上还钉着一尊女神的像。

基则的最初居民，文化很低，穴山而居，遗物极少。约当纪元前2500年或2000年时，闪人侵略基则，穴居人便成过去的遗迹，仅留下穴洞而已。闪人建城在山顶，城墙建以大石，高二十至三十英尺，厚约十三英尺。城之中央，为国王所居，他是臣属于埃及的。城中有一道大水沟，引水供给人民，水源在一个山洞里。这是基则城中最大工程，或可以说，除了后来的耶路撒冷之外的巴力斯坦最大工程。城中更有一个小庙，奉祀埃及的神，庙墙上满刻埃及文。由此可见埃及的影响，在当时是极深的。他们的工艺品，不是他们的创造，都是模拟埃及的，且是极粗率的。总之，不仅基则，在全部巴力斯坦，自始至终没有一个本地的陶匠，能创造新花样的水瓶，也没有一个铁匠，能创造新式样的刀或箭头。但巴力斯坦人，文化虽低，虽只能模拟他种民族，然在这样的地方，终于兴起最有力量的一神教，产生历史上最伟大的人物，这真是不可解的神秘。

基则的发掘，在《旧约》上并没有什么帮忙。所罗门时代的基则，遗迹被发现的，是几所方形的城塔，显然是添建在外城之上的。亚述时代的基则，唯一的剩物是两片刻文的石版，上面刻有楔形文字；其一是关于买卖奴隶的事，文中担保这些奴隶并无疾病，身体也无残伤；其他一片叙的是一个希伯来人售去一块田地的详情。在玛喀比战争时代；基则初在希伯来的世仇之手，为独立战争的最大妨碍。但在纪元前143年时，西蒙·玛喀比（Simon Maccabaeus）终于攻下基则。发现这个时代的遗物，是一件很有趣的事。一个挑土的女郎，见到城墙边有一块石头，上面隐隐若有刻文，便将这块送给发掘者。石上的刻文被证明是希腊文；由这刻文上面，才知道所发现的是西蒙·玛喀比的宫堡。刻文说："判普刺斯（Pampra）说着：但愿大火烧毁西蒙的宫殿！"这可见那名为判普刺斯的叙里亚人，被胜利的玛喀比人逐出家宅之外，且被强迫为建筑宫堡的工人，于是他在愤懑不平之际，在石上刻下这个诅咒的话；而这石块后来砌在城墙之内。不料他的诅咒，在二千年之后，反成了证明西蒙·玛喀比宫堡的唯一证据。此后基则的历史，在实际上已到终结，不再有什么可叙述的事，而在发掘的工作上，也便没有得到什么重要的遗物。

我们可知道，这个建在山上的古城，历经过三千年至三千五百年，而其居民的人种，则此兴彼仆，自穴居的和立人①（Horite）以至亚摩利人②（Amorites）、希伯来人、埃及人、非利士人、亚述人、马其顿人（Macedonian），然后又是希伯来人。在三千年中，一个民族来，一个民族去,他们都留遗迹在灰烬瓦砾之中，给我们一读他们三千年的历史。这真是一个多变的城市啊！

---

①今通译为"霍里特人"。
②今译为"阿摩利人"。

参考书目

（一）普通的参考书

Adolf Michaelis：A Century of Archaeological Discoveries（英译本）.

J.Baikie：The Life of Ancient East.

David Masters：The Romance of Excavations.

（二）第一章至第四章的参考书

Prof.G.Maspero：Egyptian Archaeology（英译本）.

Petrie：Royal Tombs of the First Dynasty.

Petrie：Abydos.

Petrie：Tell-el-Amarna.

Belzoni：Narrative of the Operations and Recent Discoveries.

Eliot Smith：Tutankhansen and the Discovery of his Tomb.

（三）第五章至第七章的参考书

De Sarzec and Henzey：Decouvertes en Chaldee.

Koldewey：The Excavations at Babylon.

Layard：Nineveh and its Remains.

Layard：Fresh Discoveries at Nineveh and Babylon.

（四）第八章至第十章的参考书

H.Schliemann：Troy and its Remains.

H.Schliemann：Ilios：The City and Country of the Trojans.

H.Schliemann：Troja；Results of Researches，etc.

Leaf：Troy.

H.Schliemann：Mycenae and Tiryns：Narrative of Researches　and Discoveries.

H.Schliemann：The Prehistoric Palace of the Kings.

A.Evans：The Palace of Minos at Knossos.

（五）第十一章的参考书

Macalister：The Excavation of Gezer.

六朝陵墓调查报告书

　　调查六朝陵墓，分无遗物可凭及有遗物可凭者为二类，所谓遗物，如石兽、石碑及神道石柱等是，其地以今之江宁、句容、丹阳为限。而丹徒、当涂等处，虽有陵墓，或既经调查无遗物可凭，或未经调查而有志未逮，且即以江宁、句容、丹阳三处而论，其既经调查而得者固多，其未经调查隐而未见者亦不少，盖仅凭地上之遗物，而不发掘地下之遗物，则调查之功，尚未罄也，此则均有待于将来之继续努力，今则未遑矣。兹分述如下：

一 调查而无遗物可凭者

六朝之陵

吴

武烈帝高陵 孙坚

《建康实录》卷二，黄龙元年四月丁酉，追尊父坚为武烈皇帝，庙号始祖，陵曰高陵，母吴氏为武烈皇后。

《吴志》，太元元年，秋八月，吴高陵松柏斯拔。 案《宋书·五行志》，拔高陵树二株，石碑蹉动。

《建康实录》卷二，太元元年十一月，幸曲阿祭高陵。

《乾隆丹阳县志》，吴高陵在县西十五里吴陵港。 案吴曲阿即今丹阳。

北魏郦道元《水经注·浙江水篇》，浙江径亭山西，上有孙权父冢，唐陆广微《吴地记》，孙坚墓在盘门内。 案《吴志·孙策传》，坚薨，还葬曲阿，郦陆二说误也。

民国二十四年三月十七日，余偕滕君固、荆君林及长子偰至丹阳调查齐梁陵墓毕，将往吴陵港，因雨未果往，闻无遗物。

大帝蒋陵 孙权

《建康实录》卷二，太元二年夏四月乙未，帝崩，七月，葬蒋陵，今县上元东北十五里钟山之阳。

又云赤乌元年二月，追拜夫人步氏为皇后，后合葬蒋陵。《吴志》卷五，吴主权潘夫人合葬蒋陵。又吴主权王夫人葬公安，孙休即位，改葬敬陵。

民国二十四年四月十四日，余至钟山之阳孙陵冈，不见遗物。

废帝侯官侯墓 孙亮

《建康实录》卷三，太平三年九月，孙琳废帝为会稽王。永安二年，黜为侯官侯，使之国，道上，令鸩杀之。晋太康中，吴故少府卿丹阳戴显上表，迎尸归葬赖乡。 案沈钦韩《三国志注补》，赖乡在寻阳界，《晋书·武帝纪》，太康元年，王浑克吴寻阳赖乡是也。

景帝定陵 孙休

《建康实录》卷三，永安七年八月丙戌，帝崩，十二月，葬定陵。宋王象之《舆地纪胜》卷十八，吴景帝陵在当涂县东二十五里。

《吴志》卷五，孙休朱夫人合葬定陵。

民国二十三年九月二十九日，余至当涂调查，未知所在。

文帝明陵 孙和　末帝皓父

《吴志》元兴元年，追谥父和曰文皇帝，尊母何为太后。《建康实录》，追谥父和为文皇帝，改葬明陵，置园邑二百家。 宋乐史《太平寰宇记》卷九十，乌程县西陵山，孙皓改葬父和于此，号曰明陵，即卞山之别岭也。

东晋

元帝建平陵司马睿

《晋书·元帝本纪》，永昌元年闰月十一月己丑，帝崩，太宁元年二月，葬建平陵。《建康实录》卷五，元皇帝建平陵今本脱建字，在今县上元北九里鸡笼山阳，不起坟。

《晋书·后妃传》，元敬虞皇后，葬建平陵。《晋书·后妃传》，简文宣郑太后，元帝妃，太元十九年，上太妃尊号曰简文太后，陵曰嘉平。据此则不合葬于建平陵也。

明帝武平陵司马绍

《晋书·明帝本纪》，太宁三年闰月八月戊子，帝崩，九月辛丑，葬武平陵。《建康实录》卷六，武平陵在县上元城北九里鸡笼山阳，与元帝同处。《建康实录》卷七，成帝咸和三年三月丙子，皇太后庾氏崩，四月壬申，葬武平陵。

成帝兴平陵司马衍

《晋书·成帝本纪》，咸康八年六月癸巳，帝崩，七月景辰，葬兴平陵。《建康实录》卷七，兴平陵在县北七里当作九里鸡笼山阳，与元帝同处。

《晋书·成帝本纪》，咸康七年三月戊戌，杜皇后崩，四月丁卯，葬恭皇后于兴平陵。

康帝崇平陵司马岳

《晋书·康帝穆帝本纪》，建元二年九月戊戌，帝崩，十月乙丑，葬崇平陵。《建康实录》卷八，崇平陵在今县上元城东北十五里钟山之阳，不起坟。

《晋书·孝武帝本纪》，太元九年六月癸丑朔，崇德皇太后褚氏崩，七月己酉，葬康献皇后于崇平陵。

穆帝永平陵司马聃

《晋书·穆帝本纪》，升平五年五月丁巳，帝崩，《哀帝本纪》，七月戊午，葬永平陵。《建康实录》卷八，永平陵在今县上元城北十九里，幕府山之阳，周四十步，高一丈八尺，起坟。　宋张敦颐《六朝事迹编类》卷十三，晋穆帝陵，《建康实录》隶幕府山之阳，起坟，今幕府山前近西，里俗相传有穆天子坟，即其地也。

《晋书·安帝本纪》，元兴三年八月癸酉，附葬穆帝章皇后于永平陵《后妃传》作穆章何皇后。

民国二十四年五月四日，余偕滕君固、侯君绍文、荆君林及长子傻亲往幕府山南调查，未见遗迹，不知所在。

哀帝安平陵司马丕

《晋书·哀帝本纪》，兴宁三年二月景申，帝崩。《海西公本纪》，三月壬申，葬哀皇帝于安平陵。《建康实录》卷八，安平陵在县上元北九里鸡笼山之阳，与元帝同处。

《晋书·哀帝本纪》，兴宁三年正月庚申，皇后王氏崩，又《晋书·哀靖王皇后传》，兴宁二_{三之误}年崩，不言葬处。

《建康实录》卷八，永平陵下注云，按晋十一帝有十陵，元明成哀四陵，在鸡笼山之阳，阴葬不起坟。　宋张敦颐《六朝事迹编类》卷六，鸡笼山条引《舆地志》云，鸡笼山在覆舟山之西二百余步，其状如鸡笼，因以为名，按宋文帝元嘉中，改为龙山，以黑龙尝见真武湖_{即玄武湖}，此山正临湖上，因以为名，今去县江宁六里，晋元帝、明帝、成帝、哀帝四陵，皆在山南。《同治上江两县志》卷五，鸡笼山明置观象台于山巅又曰钦天山，山上有北极阁_{案今气象台即置于此山巅北极阁故址}，山左右列十庙，缭以朱垣，明之遗迹也，南有晋四陵，陆玩墓亦在焉，其东麓有鸡鸣寺，本梁同泰寺故址。　陈文述《秣陵集》卷二，《晋陵》诗引《郡志》谓十庙所据四高阜，疑即其处_{希祖案晋四陵不起坟，四高阜不足据}。按鸡笼山即钟山南麓，今曰龙广山，在驻防城北，自香林寺后西接太平门，为明代建城压为城址者，皆是，其山后倚钟山，前面东田，最为山川胜处，故雷次宗于此立学，晋诸陵皆建于此，俗以鸡鸣寺山为鸡笼山者误，鸡鸣寺正台城北堑耳。　希祖案陈文述说，本于《江宁府吕志》，《同治上江两县志》驳之云，《吕志》谓覆舟山，即今太平门外仓山，鸡笼山，即今龙广山，而谓今鸡笼山在六朝时为城址，至明始曰钦天山，案《实录》、《寰宇记》、《建康志》、《金陵新志》，并云覆舟山北临玄武湖，东接青溪，若今仓山，则在玄武湖北，与北临之言不合，且与青溪远隔一湖，又安所谓东接者哉。至谓鸡笼山为台城故址，引鸡鸣寺后古城为证，案台城之址，今颇难考，《通鉴》隋伐陈，贺若弼进至乐游苑，烧北掖门，北掖门，台城北门名也，据此，则乐游苑在台城外可知，《寰宇记》谓乐游苑在覆舟山南，则台城当更向在南，其不得北据鸡笼可知。鸡鸣寺后之城，乃是明扩都城时所遗案或谓此建康城遗址，待考。俗呼曰台城，吕氏据以此为确据，误矣。　希祖案《上江志》说是也，今俗以鸡鸣寺山为鸡笼山，而以北极阁即今气象台之山为钦天山，实则此二山本为一山，明以前皆称为鸡笼山，鸡笼山之地址明，而晋四陵之地址乃明。盖晋四陵在鸡笼山本山即明所谓钦天山之南，不在其东麓鸡鸣寺之山今称鸡笼山南也。

民国二十四年四月一日，余至鸡笼山南访晋四陵遗址，不见遗迹，惟于大桥东数十步，见一巷门，颜

曰石麟里，因忆唐李商隐《晋元帝庙》诗云，弓剑
神灵定何处，年年春绿上麒麟。

据此唐时晋四陵必尚有石麒麟也。今石麟里适当鸡
笼山阳，则晋四陵必在石麟里与鸡笼山之间矣。

废帝海西公吴陵司马奕

《晋书·海西公本纪》，太和元年五月戊寅，皇后庾氏
崩，七月癸酉，葬孝皇后于敬平陵。《晋书·废帝孝庾
皇后传》，太和六年案为元年之误崩，葬敬平陵，太元九
年海西公薨于吴，又以后合葬于吴陵。

简文帝高平陵司马昱 元帝少子

《晋书·简文帝本纪》，咸安二年秋七月乙未，帝崩，
《孝武帝本纪》，咸安二年冬十月丁卯，葬简文皇帝于
高平陵。《建康实录》卷八，高平陵在今县上元城东北
十五里钟山之阳，不起坟。

《晋书·后妃传》，简文顺王皇后，咸安二年，孝武
皇帝即位，追尊曰顺皇后，合葬高平陵。又孝武文李
太后，简文帝妃，生孝武帝，安帝即位，尊为太皇太
后，隆安四年崩，葬修平陵《建康实录》卷十，八月壬寅，
葬修平陵。

孝武帝隆平陵司马曜

《晋书·孝武帝本纪》，太元二十一年九月庚申，帝
崩，十月甲申，葬隆平陵。《建康实录》卷九，隆平陵
在今县上元城东北十五里钟山之阳，不起坟。

《晋书·后妃传》，孝武定王皇后，太元五年崩，葬隆平陵。又安德陈太后，孝武帝淑媛，生安恭二帝，太元十五年薨，陵曰熙平。

安帝休平陵司马德宗

《晋书·安帝本纪》，义熙十四年十二月戊寅，帝崩，《恭帝本纪》，元熙元年正月庚申，葬安皇帝于休平陵。《建康实录》卷十，休平陵在今县上元城东北十五里钟山之阳，不起坟。

《晋书·后妃传》，安僖王皇后，义熙八年崩，葬休平陵《建康实录》九月葬休平陵。

恭帝冲平陵司马德文

《晋书·恭帝本纪》，元熙二年六月逊位，刘裕以帝为零陵王，宋永初二年九月丁丑，裕使人弑帝，葬冲平陵。《建康实录》卷十，冲平陵在蒋山之阳，安帝同处。

《晋书·后妃传》，恭思褚皇后，宋元嘉十三年崩，附葬冲平陵。

《建康实录》卷八，按晋十一帝有十陵，康，简文，武，安，恭，五陵在钟山之阳不起坟。

民国二十四年四月十四日，余至钟山之阳孙陵冈下，访求晋五陵遗址，不见遗物，盖吴大帝蒋陵，《建康实录》谓在今县上元东北十五里　而晋五陵亦谓在今县上元东北十五里，则必在蒋陵附近无疑矣，惟唐李吉甫《元和郡县志》卷二十六，谓晋康帝崇平陵，简文帝高平陵，孝武帝隆平陵，安帝休平陵，恭帝冲平陵，并在县上元东北二十里，蒋山西南，而谓吴大帝蒋陵在县东北二十二里，则晋五陵与蒋陵仍相去不远也。又晋五陵虽不起坟，亦必有石麒麟，宋苏洞《金陵杂兴二百首》之一云，五陵歌舞换埃尘，地下黄金出尚新，碑字已漫青草死，酸风吹煞石麒麟，今亦不见流遗，惜哉。

宋

孝皇帝兴宁陵刘翘

《宋书·武帝本纪》，永初元年六月丁卯，追尊皇考为孝穆皇帝，皇妣为穆皇后当云孝皇帝、孝穆皇后。见拙作《宋临澧侯刘袭墓志考证》。

《宋书·后妃传》，孝穆赵皇后，生高祖，葬晋陵丹徒县东乡练璧里雩山，宋初追崇号谥，陵曰兴宁。又孝懿萧皇后，昇平元年崩，乃开别圹，与兴宁陵合坟。《元和郡县志》卷二十六。宋兴宁陵在县丹徒东南三十五里，宋武帝追尊曰孝皇帝，讳翘。

武帝胡婕妤熙宁陵

《宋书·后妃传》，武帝胡婕妤，生文帝，葬丹徒，太祖即位，上尊号曰章皇太后，陵曰熙宁。

文帝长宁陵刘义隆

《宋书·文帝本纪》，元嘉三十年二月甲子，帝崩，三月癸巳，葬长宁陵。《建康实录》卷十二，长宁陵在今县上元东北二十里，周围三十五步，高一丈八尺。《元和郡县图志》，宋武帝刘裕初宁陵、文帝义隆长宁陵并在县上元东北二十二里蒋山东南。希祖案《齐书·豫章文献王嶷传》云，太祖在领军府，嶷居青溪宅。又云，北第旧邸，本自甚华，又云，东府又有斋，亦为华屋，而臣顿有二处住止。七年永明启求还第，上令世子子廉代镇东府。上数幸嶷第_{北第也，南第即东府斋}，宋长宁陵墓道出第前路，上曰，我便是入他冢墓内寻人，乃徙其表阙麒麟于东冈上，麒麟及阙，形势甚巧，宋孝武于襄阳致之，后诸帝王陵，皆模范而莫及也，《南史》略同。据此，宋文帝长宁陵，初在青溪北部，东冈西麓，与东田相近，齐永明中，始迁其表阙麒麟于东冈上，《齐书》为梁萧子显撰，子显即齐豫章文献王嶷第八子，其言必最可信。

东冈即沈约《郊居赋》之东山巘，《梁书·沈约传》，约虽时遇隆重，而居处俭素，立宅东田，瞩望郊阜，尝为《郊居赋》云：睇东巘以流目，心凄怆而不怡，盖昔储之旧苑，实博望之余基，又云，惟钟岩之隐郁，表皇都而作峻，观二代之茔兆，睹摧残之余壤。 考《齐书·文惠太子传》，求东田，起小苑，上许之，永明中，二宫兵力全实，太子使宫中将吏，更番役筑，宫城苑巷，制度之盛，观者倾京师。上幸豫章王宅，还过太子东田，见其弥亘华远，壮丽极目，于是大怒，据此，则豫章王宅与东田相近，沈约《郊居赋》所谓睇东嵝以流目，盖即东冈，其下有文惠太子小苑，即博望苑也。观二代之茔兆，谓钟山西南晋五陵及东南西南宋二陵也，睹摧残之余墼，谓晋五陵墼道残缺，及东冈上宋文帝长宁陵之表阙麒麟也。齐明帝建武二年十二月，诏晋宋诸陵，悉加修理《建康实录》卷十五，可证。

东冈，后名东山，宋张敦颐《六朝事迹编类》卷六，上元县有东山二：一在崇礼乡，今土山是也；一在钟山乡，蒋庙东北，宋刘缅隐居之地，《南史》，缅尝经始钟岭，以为栖息，及造园宅，名为东山，今去县十五里。案《南史·刘缅传》，缅以世路纠纷，有怀止足，经始钟岭之南，以为栖息，聚石畜水，髣髴丘中，朝士雅素，多往游之。据此，则缅隐居之地，乃在钟山之南，盖即在东冈下故后人亦呼东冈为东山，《六朝事迹》谓在蒋庙东北，去县十五里，皆误，盖蒋庙在钟山西北，而此又云在蒋庙东北，则在钟山之东北矣，与《南史》酬传不合。

东冈上之表阙麒麟，至唐时盖已亡佚，唐许嵩《建康实录》及李吉甫《元和郡县志》，不知何所据，均言宋文帝长宁陵与武帝初宁陵相近，而同其里数也。

《宋书·文帝本纪》，元嘉十七年七月壬子，皇后袁氏崩，九月壬子，葬元皇后于长宁陵。又《后妃传》，文帝路淑媛生孝武帝，世祖即位，奉尊号曰皇太后，宫曰崇宪。又《明帝本纪》，泰始二年五月甲寅，葬崇宪皇太后于攸宁陵《后妃传》作修宁陵。又文帝沈婕妤生明帝，元嘉三十年卒，葬建康县之幕府山，太宗即位，上尊号为皇太后，谥曰宣，陵号崇宁。

民国二十三年十月二十一日。余与长子傪亲往麒麟门麒麟铺初宁陵，问土人长宁陵所在，皆不知，张璜《梁代陵墓考》列长宁陵于麒麟门高黄村，土人亦不知高黄村之名也。

民国二十四年五月四日，余偕滕君固、侯君绍文、荆君林及长子傪亲往幕府山调查宋明帝母宣沈太后崇宁陵，据《六朝事迹编类》卷十三谓在幕府山宝林寺西南，相传为国婆坟，然无遗迹可寻也。

孝武帝景宁陵刘骏

《宋书·孝武帝本纪》，大明八年闰五月庚申，帝崩，七月丙午，葬丹阳秣陵县岩山景宁陵。《建康实录》卷十三，景宁陵在今上元县南四十里岩山之阳。

《宋书·后妃传》，孝武文穆王皇后，祔葬景宁陵。《前废帝本纪》，大明八年九月乙卯，文穆皇后祔葬景宁陵。《南史·后妃传》，孝武殷淑妃薨，谥曰宣。《建康实录》，大明六年四月，淑妃殷氏卒，十月壬申，葬宣淑妃殷氏于龙山。《同治上江两县志》卷三，牛首山东北曰岩山，《元丰九域志》，龙山在江宁县南四十里，旧名岩山，宋武帝改曰龙山，形似龙见。《建康实录》卷十三，少帝子业，孝武长子，景和元年，九月甲辰，发宣贵妃殷氏墓，追憾世祖孝武帝，将掘景宁陵，太史奏于帝不利，乃止，按《宋书》新安王子鸾，殷淑妃所生，世祖盛宠贵妃，素疾帝，常欲废之，故帝追恨矣。

民国二十年十一月四日，余偕长子偰亲往岩山，遍览冈麓，无宋孝武帝景宁陵及殷贵妃墓遗迹，考《南史·江智深传》，宣贵妃殷氏卒，使群臣议谥，智深上议曰怀，上以不尽嘉号，甚衔之，后车驾幸南山，乘马至殷氏墓，群臣皆从，上以马鞭指墓石柱谓智深曰，此柱上不容有怀字，据此，则岩山又名南山，殷贵妃墓有石柱，今亦不见。

前废帝墓_{刘子业}

《宋书·前废帝本纪》，永光元年，葬废帝丹阳秣陵县南郊坛西。《南史·后妃传》，前废帝何皇后，大明五年薨，废帝即位，追崇曰献皇后，明帝践祚，迁后与废帝合葬龙山北。

民国二十三年十一月四日，余偕长子偰亲往岩山北调查，亦无遗迹。

明帝高宁陵_{刘彧}

《宋书·明帝本纪》，泰豫元年四月己亥，上崩，五月戊寅，葬临沂县莫府山高宁陵。

又《后妃传》，明恭王皇后，（齐）建元元年薨，葬以宋礼，祔葬与否，无明文。

《元和郡县志》，宋明帝或高宁陵在县上元北四十里幕府山东南。

民国二十四年五月四日，余偕滕君固、侯君绍文、荆君林及长子偰亲往调查，不见遗迹。

后废帝苍梧王墓刘昱

《宋书·后废帝本纪》，元徽五年七月戊子殒，太后令追封苍梧郡王，葬丹阳秣陵县郊坛西。 案与前废帝葬同地，则亦在龙山北也，无遗迹。

顺帝遂宁陵刘准

《宋书·顺帝本纪》，昇明三年四月辛卯，帝禅位于齐王。建元元年五月己未殂，六月乙酉，葬于遂宁陵。

齐

文帝崇安陵萧长懋

《齐书·文惠太子传》，葬崇安陵。《郁林王本纪》，世祖崩，太孙即位，九月永明十一年辛酉，追尊文惠太子为世宗文皇帝，十月壬寅，尊皇太孙太妃为皇太后。宋周应合《景定建康志》，昭明陵在城北四十五里贾山前，与齐文惠太子同处，排陵并葬。《至正金陵新志》，齐文惠太子陵在夹石。 二说不同，未详所在，

前废帝郁林王墓萧昭业

见下未能考定之墓。

后废帝海陵王墓萧昭文

　　见下未能考定之墓。

废帝东昏侯墓萧宝卷

　　见下未能考定之墓。

和帝恭安陵萧宝融

　　见下未能考定之墓。

　　梁

武帝阮修容陵

　　《梁书·后妃传》，高祖阮修容，生世祖，大同六年六月薨于江州，十一月归葬江宁县通望山，世祖即位，追崇为文宣太后。

昭明帝安宁陵萧统

　　《梁书·昭明太子传》，中大通三年三月乙巳，薨，五月庚辰，葬安宁陵。《建康实录》卷十八，《昭明太子传》，岳阳即位，追尊昭明皇帝，陵在建康县北三十五里。《元和郡县志》卷二十六，梁昭明太子安陵当作安宁陵，在县上元东北五十四里查硎山。《景定建康志》，昭明陵在城北四十五里贾山，《江宁府吕志》云，或云城东燕雀湖，故梁昭明墓也。案当以《元和郡县志》之说较是，然亦未详所在，第四说系传闻俗说，不足为据。

元帝陵萧绎

《南史·梁本纪》，世祖孝元皇帝承圣元年十一月丙子，即位于江陵，三年十二月辛未，魏人戕帝，葬于津阳门外。《陈书·世祖本纪》，天嘉元年六月壬辰，诏曰，梁孝元遭离多难，灵榇播越，江宁既有旧茔，宜即安卜，是月葬梁元帝于江宁。

敬帝陵萧方智

《梁书·敬帝本纪》，太平二年十月辛未，逊位于陈，陈王践祚，奉帝为江阴王，薨于外邸。

      陈

景帝瑞陵陈文讚

《陈书·高祖本纪》，永定元年十月辛巳，追尊皇考为景皇帝，庙号太祖，皇妣董太夫人为安皇后，癸未，尊景帝陵曰瑞陵。

武帝昭皇后嘉陵

《陈书·高祖本纪》，永定元年十月辛巳，追谥前夫人钱氏为昭皇后，癸未，尊昭皇后陵曰嘉陵。

废帝临海王墓陈伯宗

宣帝显宁陵陈顼

《陈书·宣帝本纪》，太建十四年正月甲寅崩，二月癸巳葬显宁陵。《元和郡县志》卷二十六，陈宣帝顼显宁陵在县上元南四十里牛头山西北。

民国二十四年五月五日，偕滕君固、罗君香林、侯君绍文、荆君林及长子偰亲往牛头山西北麓，遍访无遗迹。

《陈书·后妃传》，高宗宣帝柳皇后陈亡入长安，大业十一年薨，葬洛阳之邙山。

后主墓陈叔宝

《陈书·后主本纪》，祯明三年二月甲申，为隋军所执，隋仁寿四年，薨于洛阳，葬邙山。

又《后妃传》，后主沈皇后，陈亡与后主俱入长安，后归乡里，不知所终。

六朝之墓

墓有遗物者，均见下，其无遗物可凭，而古今地志及金石等书有载明其墓地所在者，如晋王导墓在幕府山西，晋谢安墓在石子冈，均见《元和郡县志》；又吴陶基墓及诸陶氏墓，均在姑孰今当涂横山之麓，见宋王象之《舆地纪胜》；宋刘裕父翘，葬丹徒练壁里雩山，而诸刘氏墓均在左右，见宋临澧侯刘袭墓志，诸如此类，指不胜屈，本篇无暇列举，余长子偰有《六朝陵墓总说》，详列一表，罗举数十墓，虽未详尽，亦可备览，今附于后。唐杜牧之《金陵怀古》诗云，楸梧远近千官冢，禾黍高低六代宫，则金陵六朝冢墓之多，可想见矣。

二 调查而有遗物可凭者

六朝之陵

宋武帝初宁陵刘裕　事迹见《宋书·武帝本纪》及《南史·宋本纪》。

民国二十三年十月二十一日，余与长子傻亲往调查摄影。二十四年五月十九日，又偕罗君香林、荆君林再往测量摄影。

葬地所在　在今南京中山门外麒麟门麒麟铺。《宋书·武帝本纪》，葬丹阳建康县蒋山初宁陵。　唐许嵩《建康实录》卷十一，葬丹阳建康县蒋山初宁陵，在县东北二十里，周围三十五步，高一丈四尺。唐李吉甫《元和郡县志》卷二十六，宋武帝刘裕初宁陵，在县上元东北二十二里，蒋山东南。　宋张敦颐《六朝事迹编类》卷十三，宋武帝初宁陵引《蒋山图经》云，在县江宁东北二十里，政和间，有人于蒋庙侧得一石柱，题云，"初宁陵西北隅"，以此考之，其坟当去蒋庙不远。　按麒麟铺在蒋山东南，与《元和郡县志》说合。

张璜《梁代陵墓考》附《金陵陵墓古迹全图》，麒麟门载有宋武帝初宁陵，石兽尚存，又附《南京附近历代陵墓图》，麒麟门高黄村有宋长宁陵，特注法文曰宋文帝墓。余亲至麒麟门麒麟铺宋武帝陵，问之土人。均云，附近无石麒麟，亦无所谓高黄村。而德国哲学博士梅慈纳遂以麒麟门麒麟铺之陵为宋文帝长宁陵。考《齐书·豫章文献王嶷传》，上数幸嶷第_{嶷有二第，此为北第，}_{在青溪北部，与东田相近，详上宋文帝长宁陵条，}宋长宁陵墱道出第前路，上曰，我便是入他冢墓内寻人，乃徙其表阙麒麟于东冈上。　案东冈即梁沈约《郊居赋》之东巘，宋张敦颐《六朝事迹编类》卷六之东山，在钟山西南，说详上宋文帝长宁陵条，据此，则麒麟铺为宋武帝初宁陵，非长宁陵，可断然无疑矣。

营葬年月　《宋书·武帝本纪》，永初三年（西历四二二年）七月己酉，葬初宁陵。

祔葬　《宋书·后妃传》，武敬臧皇后，义熙四年正月甲午，殂于东城，追赠豫章公夫人，还葬丹徒，高祖临崩，遗诏留葬京师，于是迎梓宫，祔葬初宁陵。

陵前遗物　存石麒麟二，在陵左者，倒于水塘边，已不全；在陵右者，尚完整未倒，惟头顶缺。

陵前状况　陵向南偏西五度。二石麒麟身长三米，胸宽一米一十六生的，其距离五十五米。陵已无存，麒麟在村庄中墙角，全景颇难摄影。石麒麟后，十数武，旧墙下，得陵工砖一，拓片见下叶。

《建康实录》卷十三，大明七年夏四月，大风折初宁陵华表今本《建康实录》，初宁陵误作和宁陵，案《宋书·五行志》作初宁陵，和与初字形近而误。《宋书·五行志》，宋文帝元嘉十四年震初宁陵口标四破至地。又宋孝武帝大明七年，风吹初宁陵隧口左标折。

齐宣帝永安陵萧承之齐高帝萧道成父。 事迹见《齐书·高帝本纪》。

民国二十四年三月十六日，余偕滕君固，荆君林，及长子僾，亲往调查，测量摄影。

葬地所在 在今丹阳县北三十里胡家桥北狮子湾。《齐书·武帝本纪》，建元元年五月丙寅，追尊皇考曰宣皇帝，皇妣为孝皇后。《南史·齐本纪》，建元元年，追尊皇考曰宣皇帝，皇妣曰孝皇后，陵曰永安。 《元和郡县志》卷二十六，南齐宣帝休安陵当作永安陵，休安陵乃武穆裴皇后陵，见《齐书·皇后传》，在县丹阳北二十八里，高帝父也，追尊曰宣皇帝。《乾隆丹阳县志》卷十九，齐永安陵在县北三十里尚德乡，高帝父宣帝及陈皇后所葬。 按胡家桥北狮子湾，在丹阳县北三十里，与县志合，与《元和郡县志》亦相去不远，其地在经山南五里。

营葬年月 《齐书·高帝本纪》，皇考讳承之，元嘉二十四年殂，据此，则其葬盖在元嘉二十四年（西历四四七年），至齐建元元年（西历四七九年）五月乃改为陵，崇其体制。

祔葬 《齐书·皇后传》，宣孝陈皇后，讳道正，宣帝妣后，太祖为建康令，后殂于县舍，昇明三年，追赠竟陵公国太夫人，则其葬亦当在宋末。

陵前遗物　存石麒麟二，在陵右者为一角，尚完好。

陵前状况　陵北向。二石麒麟身长二米九十五生的，胸宽一米二十三生的，高度因半埋土中，不能测量，二石麒麟距离二十三米。陵已无存。

陵墓遗文　《景定建康志》有齐宣帝陵碑。

齐高帝泰安陵萧道成　事迹见《齐书·高帝本纪》及《南史·齐本纪》。

民国二十四年三月十六日，余偕滕君固，荆君林，及长子偰，亲往调查，测量摄影。

葬地所在　在今丹阳县北三十一里赵家湾，宣帝永安陵西数百步。《齐书·高帝本纪》，窆武进泰安陵今丹阳县北境，为齐武进县地。《元和郡县志》卷二十六，齐高帝道成泰安陵，在县丹阳口三十一里。《乾隆丹阳县志》卷十九，泰安陵在县北三十里。按高帝泰安陵虽在宣帝永安陵侧，然在其西数百步，中隔小邱陵，则依《元和郡县志》三十一里说为是。

营葬年月　《齐书·高帝本纪》，建元四年（西历四八二年）四月庚寅，奉梓宫于东府前渚，升龙舟，丙午，窆武进泰安陵。

祔葬　《齐书·皇后传》，高昭刘皇后，讳智容，宋泰豫元年（西历四七二年）殂，归葬宣帝墓侧，今泰安陵也。昇明二年，赠竟陵公国夫人，三年，赠齐国妃，建元元年，尊谥昭皇后。《齐书·高帝本纪》，建元元年四月，追尊妃曰昭皇后，陵曰泰安。据此，则泰安陵先为刘后墓，宋泰豫时已有，至齐建元元年，始与宣帝墓同升为陵，祟其体制，建元四年，高帝崩，乃合葬焉。

陵前遗物　存石麒麟二，左右均残毁，仅存身部。

陵前状况　陵北向，二石麒麟距离十八米五十生的，陵已无存。

齐武帝景安陵萧赜太祖长子。事迹见《齐书·武帝本纪》及《南史·齐本纪》。

民国二十四年三月十七日，余偕滕君固，荆君林，及长子俶，亲往调查，测量摄影。

葬地所在　在今丹阳县东三十二里戎家村北三姑庙前艾庙，在县东三十里，三姑庙又在其东二里。《齐书·武帝本纪》，帝崩，葬景安陵。《元和郡县志》卷二十六，齐武帝赜景安陵在县丹阳东二十二里。宋王象之《舆地纪胜》引《元和郡县志》云，景安陵在丹阳县东三十一里。　案今本《元和郡县志》三十二里误作二十二里，《舆地纪胜》所引三字不误，而二字又误作一。《乾隆丹阳县志》卷十九，景安陵在县东三十二里，武帝所葬，此与《元和郡县志》原文合，与今地里数亦合。朱孔阳《历代陵寝备考》，言齐废帝东昏侯冢，在丹阳县东三十一里，或疑此陵即是。　案东昏以侯礼葬，不能僭用麒麟，且唐宋地志皆无明文，不足据也。张璜《梁代陵墓考》，齐武帝墓在丹阳东北二十五里之荷花塘，是误以明帝兴安陵为武帝墓也。

营葬年月　《齐书·武帝本纪》，永明十一年（西历四九三年）七月，上不豫，戊寅，大渐，诏曰，陵墓万世所宅，意尝恨休安陵_{武帝后陵未称}，今可用东三处地最东边以葬我，名为景安陵。是日上崩，九月丙寅，葬景安陵。

^{祔葬} 《齐书·皇后传》，武穆裴皇后，讳惠昭，建元元年，为皇太子妃，三年，薨，谥穆妃，葬休安陵，世祖_{武帝}即位，追尊皇后。据此则裴后迁祔于景安陵否，无明文，未可定_{《齐书·高帝本纪》，建元二年七月戊午，皇太子妃裴氏薨，《建康实录》卷十五，建元二年九月葬皇太子妃裴氏休安陵，《齐书·皇后传》言，裴后薨于三年，误也。}

^{陵前遗物} 存石麒麟一，在陵左，双角。在陵右者，村人云，已陷于池中，池西北部尚有遗石础一，似为神道石阙遗址。

^{陵前状况} 陵东南向，二石麒麟身长二米九十生的，高二米四十生的，前胸宽一米，其距离已无可测量，陵已无存。

齐景帝修安陵_{萧道生} 高帝次兄，明帝父。 事迹见《南史·始安贞王道生传》。

民国二十四年三月十六日，余偕滕君固，荆君林，及长子偰，亲往调查，测量摄影。

^{葬地所在} 在今丹阳县东北三十六里鹤仙坳_{在经山东南三里，烂石山陇西三里}。《元和郡县志》卷二十六，齐景帝道生永安陵_{案当作修安陵，永安陵乃宣帝陵也}，在丹阳县东北二十六里_{案当作三十六里}，明帝父也，追尊为景皇帝。《乾隆丹阳县志》卷十九，修安陵在县东北三十六里经山。

^{营葬年月} 《南史·齐本纪》明帝建武元年（西历四九五年）

冬十一月壬申，追尊始安贞王为景皇帝，妃江氏为懿后，别立寝庙，号陵曰修安。

祔葬　《南史·始安贞王道生传》，建武元年，明帝追尊道生为景皇，妃江氏为后，立寝庙于御道西，陵曰修安，则江后祔葬于修安陵焉。

陵前遗物　存石麒麟二，左双角、右一角，皆完好。

陵前状况　陵西南向，二石麒麟身长二米六十五生的，胸宽一米十生的，其高度因半埋土中，不能测量，其距离未量。

陵墓遗文　《景定建康志》有齐景帝陵碑。

齐明帝兴安陵 萧鸾始安贞王道生子　事迹见《齐书·明帝本纪》及《南史·齐本纪》。

民国二十四年三月十六日，余偕滕君固，荆君林，及长子偊，亲往调查，测量摄影。

葬地所在　在今丹阳县东北二十四里尚德乡东城村。《齐书·明帝本纪》，帝崩，葬兴安陵。《元和郡县志》卷二十六，齐明帝鸾兴安陵在县丹阳东北二十四里。《乾隆丹阳县志》卷十九，兴安陵在县东北二十四里尚德乡，明帝及敬皇后刘氏合葬。

张璜《梁代陵墓考》，齐武帝萧赜 卫聚贤译本，赜误作颐墓在丹阳东北二十五里之荷花塘，又云，梁武帝父萧顺之，追谥太祖文皇帝，墓在齐武帝墓东，相隔约三百米尺。　案此非齐武帝萧赜陵，乃明帝兴安陵，古地理书具有明文，张氏之误一也；梁文帝建陵在兴安陵北，约

三百米尺，其陵皆东向，此云梁文帝墓在齐武帝墓东，

张氏之误二也。

营葬年月　《齐书·明帝本纪》，永泰元年（西历四九八年）七月己酉帝崩，葬兴安陵。

祔葬　《齐书·后妃传》，明敬刘皇后，讳惠端，建元三年，除西昌侯夫人，永明七年，卒，葬江乘县张山，高宗明帝即位，追尊为皇后，永泰元年，高宗崩，改葬祔于兴安陵。

《六朝事迹编类》卷十三引《南史》，齐明钦刘皇后陵，永明七年，葬江乘县张山，今隶淳化镇之北。　案明钦《南史》作明敬，《南史》亦有改葬祔于兴安陵明文。此云今隶淳化镇之北，似刘皇后未改葬祔于兴安陵也，其误甚矣。

陵前遗物　存石麒麟一，在陵右，一角。

陵前状况　陵东向，仅存石麒麟一，距离无可测量，陵已无存。

梁文帝建陵萧顺之武帝父。　事迹详《梁书·武帝本纪》。

民国二十四年三月十六日，余与滕君固，荆君林，及长子偰，亲往调查，测量摄影，

葬地所在　在今丹阳县东北二十五里东城村，其地又名三城港，齐明帝兴安陵北数十步。《南史·梁本纪》，武帝天监元年闰月闰四月壬寅，有司奏，追尊皇考为文皇帝，庙号太祖，皇妣张氏为献皇后，陵曰建陵。《元和郡县志》卷二十六，梁文帝萧顺之建陵在县口二十五里。宋王象之《舆

地纪胜》，梁太祖文皇帝神道碑，在丹阳县之三城港文帝陵下。《乾隆丹阳县志》卷十九，建陵在县东北二十五里东城村，武帝父文帝及献皇后张氏所葬，

宋欧阳修《集古录跋尾》卷四，右宋文帝神道碑云，太祖文皇帝之神道，凡八大字，案《宋书》，文帝为元凶劭所弑，初谥曰景，庙号中宗，孝武立，改谥曰文，号太祖，其墓曰长宁陵也。　案此欧阳修之误也，宋文帝长宁陵，《建康实录》《元和郡县志》均谓在上元县蒋山东南，此在丹阳县东北。地域悬殊，何能相混；且《南史·梁本纪》，大同十年三月甲午，幸兰陵，庚子，谒建陵，兰陵今丹阳县，则建陵之在丹阳，史有明文，欧阳氏何不考耶。宋陆游《入蜀记》，亦误认梁文帝陵为宋文帝陵，又误认齐明帝陵为梁文帝陵，其言曰，余尝至宋文帝陵，道路犹极广，石柱承露盘及麒麟辟邪之类皆在，柱上刻太祖文皇帝之神道八字，又至梁文帝陵，文帝武帝父也，亦有二辟邪，尚存其一，为藤蔓所缠，若扎缚者，然陵已不可识矣。

营葬年月　天监元年（西历五〇二年）五月甲辰，追尊陵曰建陵，说见下祔葬条。

祔葬　《梁书·皇后传》，太祖献皇后张氏，讳尚柔，宋泰始七年（西历四七一年）殂于秣陵县因因当作同，《梁书·武帝本纪》，帝生于秣陵县同夏里三桥宅可证夏里舍，葬武进县东城里山。天监元年五月甲辰，追上尊号为皇后，谥曰献，东城

里山，即东城村，其时武进县尚未改为兰陵县也。据此《南史》所称闰月壬寅，不过为有司奏议，其实行追尊，盖在五月甲辰。

陵前遗物　存石麒麟二，已倒于地，神道石柱二，其神道石额已移置于丹阳城内公园，神道石柱下石础有花纹，此神道石额，在陵前时左右相向。左为正文顺读，右为反文逆读，与其他诸王候神道石额左右皆向前者异。

莫友芝《金石笔识》，此梁武帝父顺之陵阙也，其正刻一石，见欧阳修《集古录》，而误属宋文帝，王象之已为举正，宋以后遂逸，此反刻一石，同治八年春，友芝始并访获，犹逸太祖皇三字，娄杨葆光乃蒐出合之，九年秋九月辛卯题记。　案《乾隆丹阳县志》卷十九建陵下云，太祖文皇帝之神道，一岿然高耸，又一堕田野中，雷火焚击，剥落无字，而《光绪丹阳县志》则谓正面之文即左阙，莫氏所谓正刻一石乃天电所毁云云，惜二志均未注明所毁时代，至同治八年，莫氏杨氏乃各寻获其一，合之，今皇字之字，尚各缺其半。张璜《梁代陵墓考》，一九〇九年清宣统元年五月，丹阳县署为免将来之损失，将此二碑神道石额移入城中，据此，则二神道石额移入于丹阳城内公园，当在此时，名为保存古物，实则毁坏，使右阙完好反刻之文字，亦蒙损坏数处，而石柱分劈其半，顶上圆盖遗弃于地，使后来人至此，不知为谁何之陵墓，良可慨也。

陵前状况 陵东向，二石麒麟、石础、石柱、石龟趺左右相对之距离，为三十四米五十生的，石麒麟至石础距离为六米二十生的，石础至石柱距离为五米九十生的，石柱至石龟趺距离为五米八十五生的。

梁武帝修陵 萧衍顺之子。事迹详《梁书·武帝本纪》及《南史·梁本纪》。

民国二十四年三月十六日，余偕滕君固，荆君林，及长子傻，亲往调查，测量摄影。

葬地所在 在今丹阳县东北二十五里东城村，梁文帝建陵北。《梁书·武帝本纪》，太清三年五月丙辰，高祖崩于净居殿，葬于修陵。《元和郡县志》卷二十六，武帝衍修陵在县丹阳东三十一里，贞观十一年诏令百步禁樵采。《建康实录》卷十七，天监七年六月辛酉，复建修二陵周回五里，改陵监为陵令。《乾隆丹阳县志》卷十九，修陵在县东二十五里皇业寺前。 案《元和郡县志》及《乾隆丹阳县志》县东二字，当作县东北。《元和郡县志》三十一里之说稍误，修陵即在文帝建陵北数百步，建陵既云在县东北二十五里，则修陵亦不过二十五里也。

营葬年月 《梁书·武帝本纪》，太清三年（西历五四九年）十一月乙卯，葬于修陵。

祔葬 《梁书·高祖郗皇后传》，高祖德皇后郗氏，讳徽，永元元年（西历四九九年）八月，殂于襄阳官舍，其年归葬南徐州南东海武进县东城里山《梁书·武帝本纪》，天监元年四月，改南东海为兰陵郡，土断南徐州诸侨陵，高祖践祚，追崇为皇后，陵曰修陵。《武帝本纪》，大同十年三月甲午，舆驾幸兰陵，谒建宁陵《南史》作建陵，此宁字衍，辛丑，至修陵。《建康实录》卷十七，大同十年三月甲午，幸兰陵，庚子，谒建陵，辛丑，帝哭于修陵，又于皇基寺设法会。据此，则修陵为武帝生时所营，以齐永元元年郗氏所葬墓改造。

皇基寺，今名皇业寺，《乾隆丹阳县志》云，皇业寺在县东二十五里，萧塘港北，本名皇基寺，梁天监中，刺史王僧辩建，唐改名皇业，父老言，梁武帝墓在其下。案此寺既为天监中王僧辩建，时武帝尚在，而此又言武帝墓在其下，岂非自相矛盾，余尝至青龙山下宋墅村，有梁墓阙，旧称为萧瑛墓，询之彼地父老，则云，此为梁武帝七十二疑冢之一，世言曹操有七十二疑冢，今乃将此传说傅之于梁武帝，南京父老言明太祖葬于朝天宫下，此亦与梁武帝葬于皇业寺下，同为齐东野人之言，不足信也。梁武帝饿死台城，乃合葬于郗后修陵，彼时国且将亡，安有闲情营七十二疑冢及将真身葬于皇基寺佛坛下乎？且《梁书·王僧辩传》，天监中，未尝为南徐州刺史，则皇基寺为王僧辩建，亦不足信，惟《建康实录》言武帝哭于修陵，又于皇基寺设法会，则修陵与皇基寺必甚近且皇基寺于大同十年时已早建立，此则可信者也。《乾隆丹阳县志》言修陵在皇业寺前，则可正《元和郡县志》修陵在县东三十一里之误矣。

陵前状况 陵东向，石麒麟仅存其一，其距离无可测量，陵尚未全平。石麒麟身长三米三十二生的，高二米七十生的，腰围二米四十生的，腿围一米十八生的，腿长六十五生的，尾粗七十三生的。

梁简文帝庄陵萧纲 武帝三子。事迹见《梁书·简文帝本纪》及《南史·梁本纪》。

民国二十四年三月十六，十七日，余偕滕君固，荆君林，及长子傻，亲往调查，测量摄影。

葬地所在 在今丹阳县东北二十五里东城村，武帝修陵北数十步。《梁书·简文帝本纪》，大宝二年十月壬寅，太宗崩于永福省，葬庄陵。《元和郡县志》卷二十六，梁简文帝纲庄陵，在县丹阳东二十七里。 宋乐史《太平寰宇记》卷八十九，梁简文帝陵有麒麟，碑尚存，陵有港，名曰萧港，直上陵口大河，去县丹阳二十五里。宋王象之《舆地纪胜》卷七，梁简文帝庄陵，《元和郡县志》云，在丹阳县东二十七里，地名三城港，有石麒麟高丈余。《乾隆丹阳县志》卷十九，庄陵在县治东二十七里，梁简文帝及简后所葬，地有港，名萧塘港即萧港，前有石麒麟，高丈余，又卷二，萧港在县东二十七里皇业寺前，直入陵口。 案《舆地纪胜》，谓庄陵在三城港，则以《太平寰宇记》所云去县二十五里之说为是。况《乾隆丹阳县志》卷十一，谓皇业寺在县东二十五里萧塘港北，皇业寺去庄陵、修陵不过半里，则二十七里之说，显有误矣。

张璜《梁代陵墓考》云，梁简文帝陵在陵口或萧塘，丹阳东南二十里，陵口车站西南方案在东南方。案陵口离丹阳城，土人云仅十八里，火车行十分钟即到，《乾隆丹阳县志》兴安陵条，引《舆地志》，泰安陵、景安陵、兴安陵在故兰陵东北金牛山，其中邱埭，西为齐梁二代陵，陵口有大石麒麟辟邪夹道，茔户守之，四时公卿行陵，自方山下乘舴艋，经此入兰陵，升安车以至陵所，旧迹犹在。据此陵口之石麒麟，非简文帝陵也，今麒麟已倒于地，一在萧塘河东，一在河西，不似墓前之物，土人亦言此处为里边皇陵门户，由此河口入进至皇陵，故曰陵口，与《舆地志》说合，然则简文帝陵非在陵口明矣。《太平寰宇记》谓，简文帝陵有港，名曰萧港，直上陵口大河，去县二十五里。《乾隆丹阳县志》谓，萧港在皇业寺前，直入陵口，又云皇业寺在县东二十五里萧塘港北，明皇业寺前萧港，可直通陵口大河，梁时公卿行陵，由方山下秦淮河，达丹阳运河，经萧港口，直达庄陵、修陵、建陵，故名此河为萧港，或称萧塘港，而于此河口特置石麒麟二，以为标识，故名陵口，张璜径以陵口为简文帝庄陵，于故书无征，于地理不合，其误甚明。

营葬年月　《梁书·简文帝本纪》，大宝二年十月壬寅，帝崩于永福省，明年（西历五五二年）四月乙丑，葬庄陵。《南史·梁本纪》，简文帝崩，王伟撤户扉为棺，迁殡于城北酒库中，明年三月己丑，王僧辨平侯景，率百官奉梓宫升朝堂，元帝追崇为简文皇帝，庙号太宗，四月乙丑，葬庄陵。

祔葬　《梁书·太宗王皇后传》，太宗简皇后王氏，讳灵宾，大通三年十月，拜皇太子妃，太清三年三月，薨于永福省，其年，太宗即位，追崇为皇后，谥曰简，大宝元年（西历五五〇年）九月，葬庄陵，先是诏曰，简皇后窀穸有期，昔西京霸陵，因山为藏，东汉寿陵，流水而已，朕属值时艰，岁饥民弊，方欲以身率下，永示敦朴，今所营庄陵，务承俭约。考简文帝即位，方值侯景之难，武帝饿死台城，不别营陵地，葬于郗后修陵，简后崩，即依郗后祔葬文帝陵侧之例，故营庄陵于武帝陵侧，必无心绪别择陵地也。大宝二年十月，简文帝即为侯景所弑，盖简文帝虽即帝位，实为侯景监视，不能行动自由，选择陵地，必有所不能矣，故远营陵口，别出陵制，必不然也。

陵前遗物　存右石麒麟一，已倒。

陵墓遗文　《太平寰宇记》云，碑尚存，则宋时尚有碑，故可定为简文帝庄陵也。《舆地纪胜》误读《寰宇记》陵有麒麟碑尚存二句为一句，于金石类特出梁简文帝庄陵麒麟碑，疏误甚矣。

陈武帝万安陵陈霸先　事迹见《陈书·高祖本纪》及《南史·陈本纪》。

民国二十四年一月二十七日，余偕滕君固，黄君文弼，裴君善元，罗君香林，及长子僎，亲往调查，测量摄影。

葬地所在　在今江宁县东南高桥门外上方镇石马冲。《陈书·高祖本纪》，永定三年六月丙午，高祖崩于璇玑殿，葬万安陵。《建康实录》卷十九，陈高祖崩，葬于万安陵，在今县上元东南三十里彭城驿侧，周六十步，高二丈。《元和郡县志》卷二十六，陈武帝霸先万安陵在县上元东三十八里方山西北，贞观十一年，诏百步内禁樵采。《六朝事迹编类》卷十三，陈高祖陵，《建康实录》隶县上元东南古彭城驿，今县江宁东崇礼乡，地名陵里，有曰天子林，其地有石麒麟二，里俗相传，即陈高祖墓也，去城二十五里。顾炎武《肇域志》江南四，陈高祖万安陵在城东三十五里，旧名陵里，又曰天子林，古彭城驿侧，石兽尚存，今呼石马冲。案上四说，里数皆不同，初以为今上方镇石马冲之墓，是否为陈武帝万安陵，颇有可疑：其一，宋齐梁三朝皇陵石兽，皆为一角二角之石麒麟，今此二石兽，皆无角，与梁代诸王墓之石兽无异，似非天子之陵，此可疑者也；其二，古彭城驿在县东南三十里，今不知在何处，《同治上江两县志》卷三，彭城山在上元县东南四十五里，西连祈泽山，北接青龙山，有水下注，涓涓成渠，石梁横焉，临渠有彭城馆，又云，祈泽山在上元淳化镇，东连彭城山，北连青龙山，方山在上元东南四十五里，据此，彭城山在淳化镇东，今石马冲在淳化镇西十里左右，尚在上方镇之西，古彭城驿盖必在彭城山侧，不然何以名彭城驿耶，此又可疑者也。今案万安陵之石麒麟，虽不见角，殆已毁损，且下唇有须，而舌不下垂，与梁代诸王墓之石辟邪不同，此不足疑者一也。又《元和郡县志》谓在方山西北，而《建康实录》谓在县东南三十里，或云三十五里，则颇与石马冲之地址相合，若在彭城山，则在方山北，而离县四十五里，则又与上数书所载方位里数不相合，故今之石马冲即古之彭城驿，彭城之驿名，即近指十里许彭城之山名以为名，亦无不可，此又不足疑者也。《陈书·宣帝本纪》，太建九年秋七月庚辰，大雨震万安陵华表。《北史·孝行传》。王颁，字景彦，太原祁人。父僧辨为陈武帝所杀，及陈灭，颁密召父在时士卒，得千余人，对之涕泣，其间壮士或问曰，郎君仇耻已雪，而悲哀不止，将不为霸先早死不得手刃之耶，请发其邱陇，斫槥焚骨，亦可申孝心矣，颁顿颡陈谢，额尽流血，答曰，其为坟茔甚大，恐一宵发掘，不及其尸，更至明朝，事乃彰露，诸人请具锹锸，于是夜发其陵，剖棺，见陈武帝须皆不落，其本皆出自骨中，颁遂焚骨取灰，投水饮之。既而自缚归罪，晋王表其状，文帝曰，朕以义平陈，王颁所为，亦孝义之道，何忍罪之，舍而不问。

营葬年月 《陈书·高祖本纪》，永定三年（西历五五九年）八月丙申，葬万安陵。

祔葬 《陈书·高祖章皇后传》，高祖宣皇后章氏，讳要儿，世祖即位，尊后为皇太后，废帝即位，尊后为太皇太后，光大二年，后下令黜废帝为临海王，命高宗嗣位，太建元年，尊后为皇太后，二年三月丙申，崩于紫极殿，其年四月，祔葬万安陵。

陵前遗物　有石麒麟左右各一。

陵前状况　陵东南向，二石麒麟身长二米五十生的，颈周二米二十一生的，口张，上下唇距离二十三生的，高度因半埋土中，不可测量，二石麒麟距离四十八米八十生的。

陈文帝永宁陵陈蒨始兴昭烈王长子。　事迹见《陈书·世祖本纪》及《南史·陈本纪》。

民国二十三年十一月二十五日，余与长子偀亲自栖霞山步行而西，约五里许，获睹此陵，乃摄影焉。二十四年五月十九日，又偕罗君香林、荆君林再往测量摄影。

葬地所在　在今栖霞山西陵山之阳狮子冲。

陵山，今土人读如兰山，六朝音读陵若兰，此山名尚相沿未改，古音保存于土音中，其例甚多，今广州音亦读陵若兰，因广州之音，多六朝音也。陵山之南为衡阳山，《建康实录》《元和郡县志》均仅言永宁陵在陵山之阳，至宋张敦颐误以雁门山北之林山为陵山，于是加雁门山北以分别之，而不知兰山乃真陵山也，《同治上江两县志》遂谓陈文帝陵在雁门山北，不言陵山，其误更甚。

《陈书·世祖本纪》，葬永宁陵。《建康实录》卷十九，文帝崩，葬永宁陵，陵在今县上元东北四十里陵山之阳，周四十五步，高一丈九尺。《元和郡县志》卷二十六，陈文帝蒨永宁陵，在县东北四十里蒋山东北。《六朝事迹编类》卷十三，陈文帝永宁陵隶县江宁东北陵山之南，今雁门山之北。案《六朝事迹编类》卷六，摄山即栖霞山今去城江宁四十五里，今狮子冲在栖霞山西约五里，则狮子冲去城四十里也，与《建康实录》《元和郡县志》所载里数相合，且与《元和郡县志》所载在蒋山东北亦合。

或谓此系宋文帝长宁陵，以陵上麒麟花纹雕刻与宋武帝初宁陵相似为证，余案二陵麒麟相似之处仅有二：一翼膊皆有鳞。然齐武帝陵之石麒麟，及梁萧恢墓萧颖墓之石辟邪，其翼膊亦有鳞，则通宋齐梁陈皆有之，非宋陵独异，此不足为证者也；一后半身皆浮雕花瓣式花纹，然二者浮雕花纹，虽皆为花瓣式，其形实不相同，梁萧秀墓之石辟邪后半身亦为浮雕花瓣式，试以三者比较，宋武帝陵较朴，梁萧秀墓稍华，陈文帝陵更华焉，此又不足为证者也，且宋武帝陵之麒麟，身体翼膊皆平直，而陈文帝陵之麒麟，较为玲珑，盖二陵建筑，相去一百四十四年宋武帝陵西历四二二年建，陈文帝陵西历五六六年建，故其作风前者拙朴，而后者华美也。宋文帝长宁陵，《建康实录》卷十二，谓在今县上元东北二十里，而宋武帝初宁陵，《建康实录》卷十一，亦谓在县东北二十里，则初宁长宁二陵必甚相近。《元和郡县志》卷二十六，亦云宋武帝刘裕初宁陵，文帝义隆长宁陵，并在县东北二十二里，蒋山东南，唐去六朝尚近，陵上必有遗石可证，最足征信，至宋人始不知其地所在，《六朝事迹编类》卷十三，谓宋武帝初宁陵，当去蒋庙不远，宋文帝长宁陵引宋人《建康图经》云，隶县东北二十五里，与武帝陵相近，今未详所在，此说与《建康实录》《元和郡县志》二说皆相悖谬，游移不定之辞，不足为证也。今狮子冲距县四十里，与宋武帝初宁陵相去甚远，且一在蒋山东南，一在蒋山东北，方位亦异，其非宋文帝长宁陵，决无疑义。况长宁陵始葬之地及迁徙之地，《齐书》确有明文。《齐书·豫章文献王嶷传》云，上数幸嶷第在青溪北部，与东田相近，见上宋文帝长宁陵条，宋长宁陵遂道出第前路，上曰，我便是入他冢墓内寻人，乃徙其表阙骐驎于东冈上，骐驎及阙形势甚巧，宋孝武于襄阳骐致之，后诸帝王陵，皆模范而莫及也。案东冈即东山，在钟山之西南，宋王安石半山之地，今南京城东北隅，即在此山上，而其骐驎又来自襄阳，襄阳与南阳甚近，其形势盖仿自汉南阳宗资等墓之天禄辟邪，必较宋武帝初宁陵之麒麟形势更巧，齐梁陈三代皆模范其式，故陈文帝陵之麒麟实较宋武帝陵之麒麟玲珑，与丹阳齐梁诸陵相近而更华丽，则雕刻后愈进步也，宋文帝长宁陵既有确地，则此为陈文帝永宁陵更无疑义，唐宋以来，记载宋文帝长宁陵之说纷纷不一，皆不足辩矣。

营葬年月　《陈书·世祖本纪》，天康元年（西历五六六年）

六月丙寅葬永宁陵。

祔葬 《陈书·世祖沈皇后传》，后讳妙容，高宗即位，以后为文皇后，陈亡入隋，大业初，自长安归于江南，顷之卒。不言葬，未知祔葬否也。

陵前遗物 存石麒麟二，在陵左者头部倾落，身尚未毁，在陵右者尚完好，顶有一角。

陵前状况 陵向南偏东三十度，二石麒麟，身长二米九十五生的，颈周二米三十五生的，其距离二十四米四十五生的，其高度因半埋泥中，不能测量，陵已无存。

六朝之墓

晋尚书今侍中骠骑将军卞忠贞公墓卞壶 事迹见《晋书·卞壶传》。

民国二十四年春，长子傻于朝天宫后访得。

葬地所在 在今南京城内朝天宫后。《舆地纪胜》卷十七，晋卞公祠堂条云，曾文昭公《晋卞公祠堂记》，江宁府之天庆观也，有晋卞忠正公墓。公讳壶。官至尚书令，苏峻之难，与其二子力战，死之，谥忠正，葬冶城。后七十余年，盗发公墓，尸僵如生，李氏建忠正亭于其墓北，穿地得断碑，徐公锴实为之识，本朝叶清臣又封墓刻石表之。清陈作霖《运渎桥道小志》，直桥街北，有晋卞忠贞公祠，祠旧与朝天宫西夹道通，故俗呼为宫后门口，祠后为墓，墓北向，墓前有

全节坊，叶公所书之碑碣犹存。

案《晋书·卞壶传》，谥忠贞，《舆地纪胜》谓谥忠正，误。传又云，后盗发壶墓，尸僵，鬓发苍白，面如生，两手悉拳，爪甲穿达手背，安帝诏给钱十万，以修茔兆。

又案《梁书·何点传》，点感家祸，绝婚宦，与陈郡谢瀹吴国张融，会稽孔稚珪，为莫逆友，从弟遁，以东篱门园居之，稚珪为筑室焉。园内有卞忠贞冢，点植花卉于冢侧，每饮必举酒酹之。据此，则卞忠贞墓，晋时在东篱门，而又为高士何点隐居之所焉。

营葬年月　《建康实录》，晋成帝咸和三年（西历三二八年）二月庚戌，苏峻军至钟山，领军卞壶率六军，与峻战于山南，王师败绩，峻因风放火，进烧青溪栅，再破官军，卞壶等死于栅下。九月，陶侃率温峤庾亮等阵于白石，斩峻。据此，卞壶之葬，必在此年九月以后。

墓前遗物　今存墓碣一，题曰晋尚书令假节领军将军赠侍中骠骑将军成阳卞公墓。

案《六朝事迹编类》卷十二，晋卞忠正庙条云，卞壶，谥忠正，葬吴冶城，盗发其墓，安帝赐钱十万封之。入梁，复毁，武帝又加修治，李氏有江南，建忠正亭于其墓，穿地得断碑，公名存焉，徐锴实为之识。本朝庆历中，知府事龙图阁直学士叶公清臣　又封墓刻石表之。据此，今墓碣乃宋叶清臣所书。其原有断碑及徐锴所识，今已无存。

墓碣题成阳卞公，案壶父粹，以功封成阳子，永嘉中，壶袭父爵，王含之难，加中军将军，含灭，以功封建兴县公均见《晋书》本传。此碣当题建兴卞公，不应题成阳卞公，盖墓碣当以最后爵位称也。

冢墓遗文　《晋卞公祠堂记》，宋曾肇撰，正书，在冶城，文载《江宁金石记》卷五。

梁侍中大将军扬州牧临川靖惠王墓萧宏文帝第六子。事迹见《梁书·临川王宏传》及《南史·梁宗室传》。

民国二十三年十月二十一日，余偕长子偰亲往调查摄影。

葬地所在　在今麒麟门仙鹤门间大道东张库村。宋王厚之《复斋碑录》，梁临川靖惠王神道二，去城三十里北城乡见《宝刻丛编》卷十五。《六朝事迹编类》卷十三，梁临川王墓，在北城乡，去城三十里。 莫友芝《金石笔识》云，梁临川靖惠王萧宏神道二石柱，在上元北城乡张库村，去安成碑南可十里，距朝阳太平两门各二十余里。自《六朝事迹编类》著录后，元明迄今金石家，皆未之及。同治戊辰八月，访吴平石柱，花林一村叟漫言张库两石柱正与此相似，尤高大，亦梁武帝坟也村人指秀憺景诸碑柱，皆谓梁武帝坟，因冒雨亟寻获之。

营葬年月　《梁书·武帝本纪》，普通七年（西历五二六年）夏四月乙酉，太尉临川王宏薨。其葬期当去此时不远。

墓前遗物　墓左存碑一，左右石柱二，左右石辟邪二。

案左碑向东，右碑已无，必向西，则二碑相向立也。左右石柱，其书字之额皆北向，题云，梁故假黄钺侍中大将军杨州牧临川靖惠王之神道，其左柱顺读，右柱逆读。莫友芝《金石笔识》云，其东柱顺读，始右，西柱逆读，始左莫氏误以墓南向，故以左柱为东柱，其实在西也，右柱为西柱，其实在东也。又与安成吴平两反刻不同，字画精美，绝似《瘗鹤铭》。两杨州牧杨字，并从木，王怀祖氏《读书杂志》历引《史》《汉》碑版以证杨州字隋以前从木，唐人误从手，得此二石，又增一确证。

墓前状况　墓向北偏西二十度，二石碑距离为四米九十二生的，石柱与石辟邪之距离为八十五米十五生的。

梁散骑常侍司空安成康王墓萧秀文帝第七子。事迹见《梁书·安成康王秀侍》及《南史·梁宗室传》。

> 民国二十三年十一月二十五日，余偕长子偰亲往调查摄影。二十四年五月十九日，又偕罗君香林、荆君林再往测量摄影。

葬地所在　在今尧化门东清风乡甘家巷栖霞山西。宋王厚之《复斋碑录》，梁散骑常侍司空安成康王碑，在花林村《宝刻丛编》卷十五引。《六朝事迹编类》卷十三，梁安成王墓，去城三十八里，又卷十四，梁安成康王碑，在清风乡甘家巷。张璜《梁代陵墓考》，安成王萧秀墓，在甘家巷，南京东北二十五里。又云，始兴王萧憺墓，在南京东北三十五里之黄城村。靠近萧秀墓，案始兴王墓已云在南京东北三十五里，安成王墓较始兴王墓稍远，不应云在南京东北二十五里，盖此二十五里亦三十五里之误。

营葬年月 《梁书·武帝本纪》，天监十七年（西历五一八年）二月癸巳，征北将军雍州刺史安成王秀薨。又《安成康王秀传》，十六年，迁雍州刺史，便道之镇，十七年春，行至竟陵之石梵，薨。据此，则其葬亦当在天监十七年。

墓前遗物 存上左右碑各一。左石柱仅存柱础，下左右碑均仅存龟趺，左右石辟邪皆完好。

《南史·梁宗室传》，安成康王秀薨，佐史夏侯亶等表立墓碑志，诏许焉，当世高才游王门者，东海王僧孺，吴郡陆倕，彭城刘孝绰，河东裴子野，各制其文，欲择用之，而咸称实录，遂四碑并建。宋王厚之《复斋碑录》，梁散骑常侍司空安成康王碑，故州民前廷尉卿彭城刘孝绰撰，奉朝请吴兴贝义渊正书。莫友芝《金石笔识》，梁安成康王萧秀东碑案此系墓前左上之碑条云，宋张敦颐《六朝事迹》，谓秀墓碑二，其一已磨灭，即此碑也。今审其额，犹可识。又安成康王萧秀西碑案此系墓前右上之碑条云，距东碑七八丈许，东西相向，《六朝事迹》谓其一字面犹可读，乃彭城刘孝绰文，又云是贝义渊书，在清风乡甘家巷，今碑文已剥，浸无一字，惟额略可识。

莫氏又云，其碑阴刻人名，约千有三百余人，存剥相半，犹可寻南朝小楷法度，胜抱宋以来集帖，虚慕晋人也，中最奇者，蘸盖姓，姓苑、字书所未见。王昶《金石萃编》卷二十六，误以安成王秀碑阴为始兴王憺碑阴，下注云，阴俱人名，分二十列，每列六十四人，凡字存难辨者，加□，石阙者空之。

墓右神道石柱题额尚存反文"故散"二字。

墓前状况 墓南向偏东四十度， 二石辟邪距离及石柱与碑距离失量，辟邪体高三米，腿长前足一米十四的，腿粗一米四十六的，颈围四米，口张四十的，腹围三米六十五的。

梁侍中司徒鄱阳忠烈王墓萧恢文帝第九子。 事迹见《梁书·鄱阳王恢传》及《南史·梁宗室传》。

民国二十三年十一月二十五日，余偕长子偊亲往调查摄影。

葬地所在 在今南京东北三十六里之黄城村，始兴王萧憺墓东数十步。张璜《梁代陵墓考》，鄱阳王萧恢墓，在南京东北三十六里，紧靠萧憺墓。

案此墓是否为鄱阳王所葬，尚有可疑，因唐宋以来地志金石诸书，均未载鄱阳王墓所在地也。宋赵明诚《诸道石刻录》，梁鄱阳王神道，正书。宋王厚之《复斋碑录》，梁侍中司徒鄱阳忠烈王墓志， 梁张缵奉敕造均见《宝刻丛编》卷十五，均不言葬地所在。《同治上江两县志》卷十二，梁侍中司徒鄱阳王萧恢墓志铭，张缵撰，在清凉寺法堂下，此虽载地址，然清凉寺在南京城内石头城清凉山，亦未必为鄱阳王葬地，不知张璜何所据而云此为鄱阳王墓焉。今姑采其说而存其疑。

营葬年月　宋王厚之《复斋碑录》，梁侍中司徒鄱阳忠烈王墓志，梁张缵奉敕造，普通七年当作八年，说见下，时西历五二七年二月二十五日，葬《宝刻丛编》卷十引。

案《梁书·武帝本纪》，普通七年秋九月己酉，骠骑大将军开府仪同三司荆州刺史鄱阳王恢薨。又《鄱阳忠烈王恢传》，天监十七年，征为侍中安前将军领军将军，十八年，出为使持节散骑常侍都督荆襄雍梁益宁南北秦八州诸军事征西将军开府仪同三司荆州刺史，普通五年，进号骠骑大将军，七年九月，薨于州，诏赠侍中司徒。据此，则墓志所称普通七年二月二十五日葬，当为普通八年二月二十五日葬之误，盖恢于普通七年九月薨于荆州，迁枢回京，必经时日，故于八年二月葬，乃相合，此乃《宝刻丛编》误刻普通八年为七年，未必墓志原文如此也。

墓前遗物　存左右石辟邪二，右辟邪已有裂痕。

墓前状况　墓向东偏南二十度。二石辟邪身长三米四十七生的，颈周二米四十五生的，其距离十九米四十生的。

梁侍中司徒骠骑将军始兴忠武王墓萧憺梁文帝第十子。事迹见《梁书·始兴忠武王憺传》及《南史·梁宗室憺传》。

民国二十三年十一月二十五日，余偕长子傻亲往调查摄影。二十四年五月十九日，又偕罗君香林、荆君林再往测量摄影。

葬地所在　在今南京尧化门东花林村旧名黄城村，在甘家巷西南。

宋王厚之《复斋碑录》，梁侍中始兴忠武王碑，在花林清风村《宝刻丛编》卷十五引。《六朝事迹编类》卷十三，梁始兴王墓在清风乡黄城村，今去城三十七里。 张璜《梁代陵墓考》，萧憺墓在南京东北三十五里之黄城村。

营葬年月《梁书·武帝本纪》，普通三年（西历五二二年）十一月甲午，抚军将军开府仪同三司领军将军始兴王憺薨。本墓碑云，普通三年十一月八日薨于位。

墓前遗物 有石辟邪二，皆已残损，在墓右者尤甚。又墓左有碑一，碑额碑文尚存，梁徐勉撰，贝义渊书，余有考证，详《六朝建康冢墓碑志考证》篇。莫友芝《金石笔识》，梁始兴忠武王萧憺碑，在安成碑西一里，碑西向，南侧又直东石兽，盖其东碑，其西适有龟趺东向，南侧直西石兽，其有西碑无疑。案莫氏当同治时，碑西尚有龟趺，今已无存。

墓前状况 墓向南偏东四十度，二石辟邪之距离为十九米六十生的。

梁侍中抚军将军开府仪同三司吴平忠侯萧公墓萧景 梁武帝从父弟。事迹见《梁书·萧景传》及《南史·梁宗室景传》。

民国二十三年十一月二十五日，余偕长子傪亲往调查摄影。

葬地所在 在今南京尧化门东神巷村西在萧憺墓西一里余。宋王厚之《复斋碑录》，梁吴平忠侯萧公神道，在花林村《宝刻丛编》卷十五引。《六朝事迹编类》卷十三，梁吴平忠侯墓，在花林之北，今去城三十五里。又卷十四，梁吴平忠侯萧公神道石柱，在清风乡花林村。莫友芝《金石笔识》，梁吴平忠侯萧景神道石柱，在始兴碑西南三里，所谓花林村之名，今犹存。

营葬年月　《梁书·萧景传》，普通四年（西历五二三年）卒于州案《景传》，普通元年，为郢州刺史。

墓前遗物　存石辟邪二，右辟邪已破碎，神道石柱一。

莫友芝《金石笔识》，萧景神道石柱题额，其文反刻顺读，其柱南直西石兽，其东兽亦存，而东柱亡久矣。

安成西碑南侧，亦有石柱，其额剥烂不可拓，其前二行，以碑额推之，当是梁故散骑常侍，今唯故散二字略可识，亦反刻顺读，差足为此柱额比例，惜两东柱并亡耳。

《至正金陵新志》元刻本卷十二，梁吴平侯墓，有石麒麟二，石柱二。希祖案《至正志》凡记古代陵墓，全袭《景定建康志》，考《景定志》仅云吴平忠侯墓有石柱一，不应至元代反多一石柱，足以知二字之误也。

墓前状况　墓东南向。二石辟邪距离未量。

梁侍中中军将军开府仪同三司南康简王墓萧绩梁武帝第四子。事迹见《梁书·高祖三王传》及《南史·梁宗室绩传》。

民国二十四年二月一日，余偕长子儌亲往调查摄影。

葬地所在　在今南京东南八十里句容县西北十五里之石狮干在江宁县汤山东新塘村南十二里，其墓正对赤山。《至正金陵新志》，南康简王墓，在句容西北二十五里，余询之土人，云十五里。 莫友芝《金石笔识》，梁南康简王萧绩神道二石柱，同治己巳，甘泉张肇岑访获于句容之侯家边。张璜《梁代陵墓考》，萧绩墓在南京东南八十里之石狮干。

营葬年月 《梁书·武帝本纪》，中大通元年闰六月己未，安右将军护军南康王绩薨。《南康简王绩传》，普通五年，出为江州刺史，丁董淑仪忧，居丧过礼，征授安右将军，领石头戍军事，寻加护军，羸疾弗堪视事，大通三年，因感病薨于任。案《梁书·武帝本纪》，无大通三年，传所谓大通三年，即本纪中大通元年，当从本纪，其葬亦当在此年。

墓前遗物 存石辟邪二。

墓前状况 墓南对赤山。

梁侍中左卫将军建安敏侯萧公墓 萧正立临川靖惠王宏子。事迹见《梁书·临川靖惠王传》及《南史·梁宗室传》。

民国二十四年一月二十七日，余偕滕君固、黄君文弼、裘君善元、罗君香林及长子傒亲往调查，测量摄影。

葬地所在 在今江宁县东南，淳化镇西南九里刘家边接引庵前。 宋王厚之《复斋碑录》，梁建安敏侯神道，在淳化镇《宝刻丛书》卷十五引。《六朝事迹编类》卷十三，梁建安侯萧正立墓，在淳化镇西宋野 案当作宋墅，实在前宋墅南一里余刘家边。石柱塘，有石柱二，去城三十五里，又卷十四，梁建安敏侯神道石柱，在凤城乡淳化镇西。 张璜《梁代陵墓考》，萧正立墓，在南京东南三十五里之清化镇，其所附《南京附近历代陵墓图》，则列于淳化镇西南梁萧暎墓西，地名颜村，案颜读若孩村即侯村，余尝亲至其地，确有一墓，存神道石柱一，字皆漫灭，又有石辟邪二，其为何人墓不可考矣，自侯村而东经后宋墅村，张璜所谓萧暎墓在焉，又经前宋墅村，抵刘家边，共约二里始见萧正立墓，神道石柱二，书梁故侍中左卫将军建安敏侯之神道，此可以正张璜之误者也。

营葬年月　《南史·梁宗室传》，正立后位丹阳尹，薨，不书年月，其子贲嗣，正立弟正德，为侯景所立，贲出投之，改姓侯氏，则其时正立已薨，盖在太清二年（西历五四八年）以前也。

墓前遗物　有石辟邪二，神道石柱二，文字左顺读，右逆读。

墓前状况　墓向东略偏南，二石辟邪身长二米五十五生的，其高度因半埋土中，不能测量，颈周二米八十生的，口张，上下唇距离三十五生的，二辟邪距离十六米三十六生的，二神道石柱距离十七米六十生的，神道石柱与石辟邪距离一百六十七米五十九生的。

梁侍中仁威将军新渝宽侯萧公墓萧暎　始兴忠武王憺子。事迹见《梁书·始兴忠武王憺传》及《南史·梁宗室憺传》。

　　民国二十四年五月十九日，余偕罗君香林、荆君林及长子偊亲往调查摄影。

葬地所在　在今南京尧化门东甘家巷北董家边。莫友芝《金石笔识》，梁新渝宽侯萧暎西阙，在句容。张璜《梁代陵墓考》，萧暎，萧景子案《梁书》及《南史》，均言暎乃憺子，此误，新渝侯，墓在南京东南三十五里之Choen　Hoa　then，又云，萧正立，建安侯，墓在南京东南三十五里之清化镇，则Choen Hoa then 盖即清化镇之译音，则萧暎、萧正立皆列于淳化镇，则清化镇又为淳化镇之误。考唐宋以来地志，均不载萧暎墓，故不能确知其墓地所在，惟宋王厚之《复斋碑录》，有梁新渝宽侯神道《宝刻丛编》卷十五引，然亦不载地名，莫友芝谓在句容，固误，张璜谓在淳化镇亦误，余于本年一月十七日，尝亲至江宁县东南淳化镇西南侯村，见梁墓一，有石辟邪二神道石柱一，其上文字漫灭，其东约一里弱，地名后宋墅村，又有神道石柱一，上已无字，张璜《南京附近历代陵墓图》，即以在侯村者当萧正立墓，在后宋墅村者当萧暎墓，而不知其皆误也。本年春，余长子傁在甘家巷北董家边，发现梁新渝宽侯神道石柱一，始知萧暎墓之所在，莫张二说，皆不攻自破矣。

营葬年月　《建康实录》卷十九，萧暎镇广州，奏高祖陈武帝霸先为中直兵参军，从至广州，令招士马，大同十年（西历五四四年），高祖大破贼军，虏杜僧明等。《陈书·高祖本纪》，僧明降，其年冬，萧暎卒，高祖送丧还都，至大庾岭，会有诏高祖为交州司马领武平太守。据此，暎葬当在大同十年冬或十一年春矣。

墓前遗物　仅存神道石柱一，宋王厚之《复斋碑录》载此神道云，梁故侍中仁威将军新渝宽侯之神道，今谛观石刻，其文逆读，盖为墓右石柱，莫友芝所谓梁萧暎西阙也。

莫友芝《金石笔识》云，梁新渝宽侯萧暎西阙，在句容，以诸阙例，侯下只应有一之字，而此有三字空，审石上，乃似无字者。案莫氏未尝亲至其地，故误为在句容，惟曾见流传神道拓本系逆读，故能断定为西阙，石上宽侯下有之字，尚依稀可认，而莫氏云三字空，可见未见石柱，且未读《复斋碑录》也。

墓前状况　墓东南向，约与萧秀墓同。

冢墓遗文　梁元帝撰《梁故侍中新渝宽侯墓志铭》，见唐欧阳询《艺文类聚》卷四十八，余有考证，采入《六朝建康冢墓碑志考证》篇。

附未能考定之墓

丹阳县水经山下偏东之墓

　　民国二十四年三月十六日，余偕滕君固，荆君林，及长子偻亲往调查东西二墓，测量摄影。

此墓在丹阳县东北四十里水经山下，偏东。

　　水经山，为经山东南支山。《乾隆丹阳县志》，经山，在县东北三十五里，昔有异僧讲经于此，故名，上有金牛洞，一名金牛山，今土人名经山为旱经山，而以其东南五里之支山为水经山。

墓东南向，前有石辟邪二，身长二米一十生的，胸宽五十生的，二石辟邪距离一十四米。

丹阳县水经山下偏西之墓

墓东南向。　前有二石辟邪，因身埋土中，仅露头部，无可测量其距离，约与偏东之墓同。

案东墓疑为齐前废帝郁林王之墓，西墓疑为齐后废帝海陵王之墓。郁林王，名昭业，武帝之孙，文惠太子长子，事迹见《齐书·郁林王本纪》。本纪载隆昌元年七月壬辰，被杀，殡以王礼。齐谢朓撰《郁林王墓志铭》云，绿车旖旎，翠蕤掩暎。癸貳戏良，临桃弛盛。毁德归桐，弃尊君郑《艺文类聚》卷四十五。海陵王，名昭文，文惠太子二子，事迹见《齐书·海陵王本纪》。本纪载延兴元年十一月，废为海陵王，被杀。给温明秘器，敛以衮冕，葬给辒辌车，九旒大辂，黄屋左纛，前后部羽葆，鼓吹挽歌二部。齐谢朓《海陵王墓铭》云，中枢诞圣，膺历受命，于穆二祖，天临海镜。显允世宗，温文著性。三善有声，四国无竞。嗣德方衰，时惟介弟。景祚云及，多难攸启。载骡轮猎《艺文类聚》作载驱轮辖，高辟代邸。庶辟欣欣，威仪济济，亦既负扆言观帝则，正位恭已，临朝渊默。虔思宝缔，负荷非克。敬顺天人，高逊明德。西光已谢，东旭《艺文类聚》作东亀又良。龙纛夕偃，葆挽晨锵。风摇草色，日照松光。春秋非我，晚夜《艺文类聚》作晓夜何长《梦溪笔谈》十五，又见《艺文类聚》四十五，有删节。

宋沈括《梦溪笔谈》卷十五，庆历中，予在金陵，有瓮人以一方石镇肉，视之，乃海陵王墓铭，谢朓撰。严观《江宁金石记》，遂云海陵王萧昭文墓志，谢朓撰，在江宁，文见沈括《梦溪笔谈》。

案墓志石在江宁，未必其墓即在江宁，如今墓志石转辗流传入于大都会者甚多，不能即据墓志流传之地，即定为其墓即在是也，如《上江两县志》言梁鄱阳王萧恢墓志，在清凉寺法堂下，不能即定恢墓在清凉山也。海陵王墓志见于江宁，其墓或在丹阳，亦未可知，盖齐代陵墓，多在丹阳，如齐宣帝高帝二陵，在经山西南，齐景帝陵，在经山南，齐武帝陵，在经山东，齐明帝陵在经山东南，则前废帝后废帝墓在经山东南水经山下，其推测亦未必甚误。

或谓此二墓，安知非齐废帝东昏侯宝卷及齐和帝宝融之墓乎。《梁书·豫章王综传》，综，高祖第二子，其母吴淑媛，自齐东昏侯宫，得幸于高祖，七月而生综。宫中多疑之者，及淑媛宠衰，怨望，遂陈疑似之说，故综怀之，恒于别室祀齐氏七庙，又微服至曲阿拜齐明帝陵，然犹无以自信，闻俗说以生者血沥死者骨，渗，即为父子，综乃私发齐东昏墓出骨，沥臂血试之，并杀一男，取其骨试之皆有验，自此常怀异志。据此，则东昏侯墓在曲阿，曲阿即丹阳也。《齐书·和帝本纪》，中兴二年夏四月辛西，禅诏至，丁卯，梁王奉帝为巴陵王，宫于姑熟今安徽当涂，戊辰薨，追尊为齐和帝，葬恭安陵。齐代陵墓，多在丹阳，则和帝陵亦必在丹阳也。　希祖案豫章综至曲阿拜齐明帝陵后，尚犹无以自信，闻俗说后，乃私发齐东昏侯墓出骨，则东昏侯墓是否在曲阿，尚无明文。朱孔阳《历代陵寝备考》谓东昏侯冢在丹阳县东三十一里，盖误以齐武帝陵为东昏侯冢，未足据也。宋王象之《舆地纪胜》卷十八，齐和帝陵，世传当涂县北黄山岳庙行官之基，即此陵也。考梁武帝长兄懿为东昏侯所杀，武帝既斩东昏，未必更以王礼归葬兰陵，和帝陵在姑熟，已有明文，则或说未必然也。惟齐前废帝郁林王，后废帝海陵王，虽为明帝所杀，然终以王礼葬，且齐祚尚存，故归葬于祖茔左右，此理之可必者也。

江宁县栖霞山西北张家库墓

民国二十三年十一月二十五日，余偕长子偊亲往调查。

二十四年四月，长子偊又往摄影。

墓在栖霞山西北张家库，东南向，有石辟邪二。

案此墓疑为齐萧颖胄墓。宋王厚之《复斋碑录》，齐侍中尚书令丞相巴东献武公萧颖胄碑，普通五年，太岁甲辰，三月辛亥朔，十日庚申，镌。在花林村《宝刻丛编》卷十五引。《六朝事迹编类》卷十三，齐巴东献武公墓，在栖霞寺侧，有碑额云，齐故侍中尚书令丞相巴东献武公之墓案墓字盖为碑字之误。《景定建康志》与此同，惟墓字作碑。宋王象之《舆地纪胜》卷十七，花林市，去城三十五里。齐梁诸坟，多在其地。案今花林村，仅见梁代诸墓，有此齐墓，庶与此语相合。

《齐书·和帝本纪》，中兴元年十一月壬寅，尚书令镇军将军萧颖胄卒。案颖胄事迹见《齐书·萧赤斧传》，梁王已平郢江二镇，颖胄辅帝出居上流，有安重之势，十二月壬寅当依本纪作十一月夜卒 诏赠侍中丞相，本官如故，前后部羽葆鼓吹班剑三十人辒辌车黄屋左纛。梁天监元年，诏曰，齐故侍中丞相尚书令颖胄，可封巴东郡公，邑三千户，本官如故。丧还，今上车驾临哭渚次，诏曰，齐故侍中丞相尚书令颖胄，葬送有期，前代所加殊礼，依晋王导齐豫章王故事，可悉给，谥曰献武。据此，颖胄之葬，有特殊之礼，则其墓有石辟邪，有碑，亦不足异，且最近栖霞山，故疑此为颖胄墓也，宋代碑文尚在，故可确指所在，今碑已亡，故列于存疑之列。

江宁县江宁镇方旗庙墓

民国二十三年九月二十九日，余偕长子傁亲往调查。

二十四年四月，长子傁又往摄影。

墓在江宁镇西约一里余方旗庙，其墓东南向，有二石辟邪。

江宁县笆斗山徐家村墓

民国二十四年五月十九日，余偕罗君香林、荆君林及长子傶亲往调查摄影。

墓在江宁县笆斗山徐家村，存神道石柱一，阙面向西偏南二十度，柱高四米三十生的，阙横一米十生的，纵八十生的，字已漫灭。

> 案笆斗山东连临沂山，或谓此系梁永阳昭王萧敷墓，以永阳敬太妃墓志铭云，附瘗于琅邪临沂县长干里黄鹄山为证，临沂县故城，即在临沂山下且永阳昭王及永阳敬太妃二墓志，均见于清风乡，见宋张敦颐《六朝事迹编类》卷十四，徐家村接近清风乡，此又一证。余谓此处无黄鹄山，而长干里又在秦淮之南，遽谓永阳王萧敷墓在笆斗山，实与墓志所称地名不能密合也。

笆斗山墓地发现六朝砖颇多，疑即当时墓砖。

江宁县淳化镇西南后宋墅村墓

> 民国二十四年一月二十七日，余偕滕君固，黄君文弼，裘君善元，罗君香林，及长子傶亲往调查测量摄影。

墓在江宁县高桥门外淳化镇西南上方镇南后宋墅村，存神道石柱一，上有圆盖，柱高自圆盖下至地面三米五生的。

江宁县淳化镇西南侯村墓

> 民国二十四年一月二十七日余偕滕君固、黄君文弼、裘君善元，侯君绍文、罗君香林及长子傶亲往调查测量摄影。

> 墓在江宁县淳化镇西南上方镇南侯村。有石辟邪二，神道石柱一。

其墓向南偏西三十度，二石辟邪身长一米三十二生的，其距离十四米八十八生的，左石辟邪距石柱六十八米二十生的，右石辟邪距石柱八十米四十生的，则此石柱为左石柱也。

江宁县淳化镇西南官塘墓

民国二十四年一月二十七日，长子傻独往调查，偶尔发现。

墓在江宁县淳化镇西南官塘，与萧正立墓相近，神道石柱已全陷塘中，仅有柱顶可辨，未能摄影。

六朝陵墓石迹述略

滕　固

六朝陵墓上还存留着多量的石迹，这些石迹对于历史或艺术都是珍贵的资料；而且石迹的位置有许多还未移动，对于坟墓形式的检讨，尤多便利。作者参加中央古物保管委员会调查工作，亲历其地，摩挲审视，惊其制作之精，每徘徊不忍离去。现在调查告竣，凡关陵墓之历史，形制，及碑志考证，遏先、伯商两先生都有精博的论述，作者仅从艺术方面，对于各种石迹作一简单的叙述。叙述次序，依残存石迹的性质，分为三部分，一神道石柱，二石兽，三碑饰。

一　神道石柱

神道石柱之存留于今日，约有十来件，除了笆斗山，淳化镇和上方镇三处，一时检考不出谁氏的墓域外，其他完全保存在梁朝的陵墓上。在梁文帝陵，梁临川靖惠王墓，梁安成康王墓，梁吴平忠侯墓，梁南康简王墓，梁建安敏侯墓及梁新渝宽侯墓上，都可以找出些神道石柱。这些石柱除了二三件略觉完整外，其余都是残破或陷入于土壤而仅可看出一小段。所以要把它们仔细地比较，颇觉困难。但就所看见的各件石柱而言，其形式大都无甚差异。倘使我们把那些遗品集合起来观察，对于某一石柱的形式，亦可获得整然的认识。因此，这里综合了各遗品，分石柱本身，柱头及柱础三方面叙述，以呈现一石柱的全形。

甲　石柱本身　柱身圆形或略带椭圆形，自上部到神道刻文的一段，雕着突起的瓜棱直纹，顶间雕一绳辫围住。其次，正面为神道刻文的方石，作钉在柱上的样子，方石背后在瓜棱纹上又雕有绳辫围着。复次，紧接于神道刻文方石的，为一较小的与柱身相称的方石，这方石暂名为介砌（Fries）；在介砌上刻有三个半人半兽的怪物浮雕；这三个怪物，中间的作正面形，两傍的作左右相向的半侧面形。其状毛发纷披，宛如羽翼，面目狰狞，裸出乳部和腹部，而膝骨和脚骨都极坚劲，骨的关节处特刻圆形为表现。此种怪物有些像汉代武氏祠石刻崇楼杰阁一景内石人相承为楼柱的石人；又像唐墓明器中的方相或魌头一类的东西；但究竟是否一物，不易断定。还有河南巩县北魏石窟第二窟南壁，有二个有翼的鬼形怪物浮雕，其雕刻风格与此更近，故此种怪物或传自佛家故事，就其技巧而言，奇谲泼辣，坚劲和谐，为同时代雕刻中所罕见的；其风格疑与伊兰系的艺术有关。介砌的下面又围以绳辫，绳辫的下面是浮雕围带，刻双龙交首之纹，极尽生动之妙致。再下就是隐陷的直刬棱纹，即普通所谓希腊柱式。

作者曾经看见过两颗比梁朝更早的石柱：一、是汉琅琊相刘君石柱，此柱出自山东历城，现保存于济南的山东省立图书馆内。一是骠骑将军石柱，传亦汉（或称晋）代的遗物，现保存于洛阳河洛图书馆。这两颗石柱，都是凸起的瓜棱纹，柱顶，刻文方石的背后及柱身下部，也都围有绳辫，方石上也有神道刻文。而刘君石柱神道刻文的方石下还刻有双螭拱蟠的浮雕。两者都是柱身部分的残存，所以柱头和柱础是怎样的，已无可稽考了。仅就柱身而论，梁代石柱的上部脱胎于汉代，自无疑义。惟梁柱有介砌和浮雕围带，石柱的下身用隐陷的直刬棱纹，这是别致的地方。汉代坟墓上的石柱，见于《水经注》所记载的，为数不少；但所遗存的，就作者所见，只有上述两颗。倘汉代石柱的雕饰统统像那两颗朴实不华，那末梁朝的石柱比较汉代的更繁复而更富有装饰的情味了。瓜棱柱围以绳辫，上部有神道刻文的方石，此可令人推想最初是木造的，由许多小圆木凑合起来，用绳子捆为一束，成一颗较大的柱子，而把一方木板钉在柱上，写或刻文于其上。后来变了石造，还要保存或故意摹仿木造，所以产生了此种形式。

瓜棱柱式，在古代埃及泼笃伦美哀[①]（Ptolemaeer）王朝（公元前1328—1330）的建筑里，亦可找到，瓜棱的下面并亦有围带；但我们可断言和中国的瓜棱柱无所关系。以现有知识，瓜棱柱来自汉代，为中国固有的东西；或即上面指出的摹仿木造而来的。至于隐陷的直刿棱纹，在梁朝以前的建筑物中尚未发现，说它不是中国风尚，当非过甚之言。此种柱式通常以为希腊柱式，实则埃及中期（约公元前2100—前1600）的建筑中有所谓原形多利亚柱（Protodorische Saeule），即此种柱式。 波斯建筑亦采用此种柱式，有名的百柱宫（Hundertsaeulensaal） （纪元前6世纪末）即由此种柱式所构成。梁代石柱，上承汉制，又或参以波斯和印度（关于印度参考后面的叙述）的风尚，所以显示出分外的华美和装饰上的技巧。

　　乙　柱头　柱顶有一圆盖若盘形，较柱身略大，盖底作莲花纹，莲花纹渊源于印度，是亦普知的事实，我们看了巴尔呼德[②]（Bharhut）石栏（公元前200年）上的各式各样的莲花纹样，就知道比中国早得多。中国佛教盛行的时候，莲华纹样随之而普遍。云冈，龙门，巩县和天龙山的石窟藻井，都刻着莲花纹，北朝碑碣上此种纹样更多而更富变化；可知莲花纹样为南北朝盛行的雕饰，而梁柱圆盖盖底的莲花纹为最普通的一种。盖的周缘亦作莲花纹，此周缘的莲花纹，有类

---

①今通译为"托勒密"。
②今通译为"巴尔胡特"。

李明仲《营造法式》第二十九，石柱柱础的"铺地莲花"。圆盖上蹲着一头小辟邪。此种柱头形式与印度的阿育王石柱（约公元前250之际）不无关系，阿育王石柱有多种，大抵圆身，柱身周围上下刻诏诰之文；柱头作钟形，（按前述波斯宫殿的柱，柱头亦为钟形，可考见其渊源所自。）周缘刻细长的莲花瓣，其上围以绳辫，又上置一小圆盘，盘上蹲着狮子，有的石柱上蹲着牡牛[①]。所不同的，梁柱化钟形为盘形，化狮子牡牛为辟邪了。

说梁柱与印度的阿育王石柱有关，固无明证，然当时南方艺术确与印度有过交流。释慧皎记康居国僧人康僧会在南方的活动说："僧会欲使道振江左，兴立图寺；乃杖锡东游，以吴赤乌十年，初达建业。营立茅茨，设像行道。时吴国以初见沙门。睹形未及其道，疑为矫异。有司奏曰：有胡人入境，自称沙门，容服非恒，事应检察。权曰：昔汉明梦神，号称为佛；彼之所事，岂其遗风耶？即召会诘问，有无灵验？会曰：自来迁迹，忽逾千载，遗骨舍利，神曜无方。昔阿育王起塔乃八万四千。夫塔寺之兴，以表遗化也。权以为夸诞，乃谓会曰：若能得舍利，当为造塔；如其虚妄，国有常刑。会请期七日，乃谓其属曰：法之兴废，在此一举。今不至诚，后将何及。乃共洁斋静室，以铜瓶加几，烧香礼请，七日期毕，寂然无应。求申二七，亦复如之。权曰：此

---

①关于柱头形式，可参看A. Coomaraswamy：*History Of Indian and Indonesian Art*. New York 1927. 第四图版及说明。

欺谎！将欲加罪，会更请三七，权又特听。会谓法属曰：宣尼有言，文王既没，文不在兹乎，法灵应降，而我等无感，何假王宪，当以誓死为期耳。三七日暮，犹无所见，莫不震惧。既入五更，忽闻瓶中铿然有声。会自往视，果获舍利。明日呈权，举朝集观，五色光炎，照耀瓶上。权自手执瓶，泻于铜盘。舍利所冲，盘即碎破。权大肃然惊起，而曰：希有之瑞也。会进而言曰：舍利威神，岂直光相而已；乃劫烧之火不能焚，金刚之杵不能碎。权命令试之，会更誓曰：法云方被，苍生仰泽，愿更垂神迹，以广示威灵。乃置舍利于铁砧磓上，使力者击之，于是砧磓俱陷，舍利无损。权大叹服，即为建塔。以始有佛寺，即号建初寺；因名其地为佛陀里，由是江左大法遂兴[1]。康僧会这一来，不但掀起了南方的佛法，又激动了画家画佛，“时曹不兴见西国佛画（康僧会带来的），仪范写之，故天下盛传曹也”[2]。到了后来又有雕刻品的输入；“狮子国天竺旁国也……晋义熙初，始遣使，献玉像，经十载乃至。像高四尺二寸，玉色润洁，形制殊特，殆非人工。此像历晋宋，世在瓦棺寺。寺先有徵士戴安道手制佛像五躯，及顾长康维摩画图，世人谓为三绝。至齐东昏遂毁玉像，前截臂，次取身，为嬖妾潘贵妃作钗钏”[3]。梁天监元年立长干寺，寺内有阿育王所造像，像的铜花趺上

---

①见慧皎《高僧传》卷一。
②郭若虚《图画见闻志》卷一，引蜀僧仁显《广画新集》。
③参看《梁书》卷五十四及《南史》卷七十八。

有外国书，蕃僧识云阿育王为第四女所造④。中国画家采用印度技法绘画，亦见于梁朝，大同三年置一乘寺，寺在丹阳，邵陵王纶造。寺门遍画凹凸花，代称张僧繇手迹，其花乃天竺遗法，朱及青绿所成，远望眼晕如凹凸，就视即平，世咸异之，乃名凹凸寺⑤。就这些旁证来说，梁朝石柱受阿育王石柱的影响，似乎绝不勉强之事。天龙山石刻浮雕中，有莲花柱头，柱头并亦作野兽，此可想见，南北朝建筑上亦有采用此种柱式③。传至后代，殆即《营造法式》第二十九的望柱狮子头。柱头以精巧错落的莲花瓣雕成，中间呈露一莲蓬，莲蓬上蹲一狮子；我们看了那图样，就知道含有梁柱的遗意。

　　丙　柱础　分两层，上层一双有翼的虾蟆对口，口内各含珠，全部略作圆形。刻虾蟆不知何所取义，在前代的艺术品中亦找不出来。按《史记·龟策传》：“月为刑而相佐，见食于虾蟆。”《汉书·武帝纪》：“元鼎五年秋，蛙蟆虾斗。”《后汉书·灵帝纪》：“修复玉堂殿，铸铜人四，黄钟四，及天禄虾蟆。”关于虾蟆或在很早时候已有一串神话了。北朝碑碣上，往往刻虾蟆和凤鸟一类的奇鸟相配。这也不知是何用意。或即是龙，或与佛教的传说有关，或因其行动迟缓，和龟鳖一样取作安定稳固之义。此皆暂为推测，其详当俟通人的考定。下层即底部，为一方石，即似《营造

<hr/>

④参看许嵩《建康实录》卷十七夹注内引《长干寺记》。

⑤《建康实录》卷十七。

③参看外山太治郎《天龙山石窟》，第二十图至二十三图。

法式》二十九，所谓"柱础角石"。角石四面都有浮雕，似多属动物形象，惜漫漶太甚，不易辨认了。以意逆之，其动物刻纹，或与梁临川靖惠王碑侧所刻为同类的东西，参考后文。

二 石 兽

六朝陵墓上遗存的石兽尚多，此对于研究者为莫大之幸运。今按照史传里通常的称呼，在帝王陵的石兽，叫做麒麟；在王侯墓的石兽，叫做辟邪。所有的石兽都为有翼兽，且皆长须垂胸。就其完整者而观，有的作双角，有的作独角。

先就麒麟的形式作一大体上的比较观察，为明了其各种特征起见，分兽身，头部及翼部三方面观察。至其细部的异同探讨。以俟将来的机会。

第一 兽身大体上可分为五种，兹分述如下：

（a）兽身平正，颈项昂直而装饰较为简朴的——如宋武帝陵的石兽。

（b）兽身窈窕，颈项稍作斜形而装饰较富的——如齐宣帝陵的石兽。

（c）兽身窈窕，胸部昂挺而装饰较富的——如齐景帝陵的石兽。

（d）兽身平正，颈项肥短而装饰较富的——如齐明帝陵的石兽。

（e）兽身平正，项短头重而装饰特繁的——如陈文帝陵的石兽。

根据上述兽身的诸形式，使我们知道，凡颈项短的，身躯必然平正，颈项高的，身躯必然窈窕。照通常的设想，身躯窈窕的石兽，呈示微妙的灵活之姿态，所谓曲线的发达，其时代必较后。但这个假说，不能适用上述的诸石兽，在那些石兽间，平正和窈窕，错综为用；不必时代先的都是平正，时代后的都是窈窕。况且东汉宗资等墓上的石兽，早以身躯窈窕见长[①]。可知汉代已有多种多样的兽身形式，垂为后人任意选择。我们要认识时代差别，只有从装饰方面着手，就上述石物看来，大抵装饰细致而繁富的，不论其兽身形状为平正为窈窕，都是比较后来的产物。我们从宋武帝陵的石兽，依其时代，顺次看去，至陈文帝陵的石兽为止，确然可以明了其演变之迹。只有一个例外，那就是陈武帝陵的石兽，此虽为时代较后的东西，而装饰特别简朴，令人不可思议。作者的意思，以为此种例外，或缘于当时石造工程较为短期而粗率之故。又其石兽较他墓毁损特甚，或因王颁毁陵时所为，以致装饰剥蚀殆尽。

①参看拙作《霍去病墓上石迹及汉代雕刻之试察》，载《金陵学报》四卷二期。

第二　头部的形制，约分为三种：

（a）朵颐隆起，口部略作圆形而额上及口角有茸毛小翅的——如齐宣帝，齐武帝及齐景帝陵的石兽。

（b）朵颐较薄，鼻大，口部方阔而额上及口角有茸毛小翅的——如齐明帝和梁武帝陵的石兽。

（c）头部沉重，角上有鳞纹并有三出翅而额上茸毛旋卷特显装饰丰富的——如陈文帝陵的石兽。

就上述石兽头部诸形式而言，早期的愈近于汉代刻兽的形制。例如a项朵颐隆起，口端圆形，上唇作人字形的刻文，这都是脱胎于汉代的狮像。汉武氏祠及铜雀台的石狮。为当时典型作品，其朵颐及上唇的刻法，都是这种形式的[①]。后来鼻部和眼部过于突出，而使朵颐薄化了；且为适应装饰，口部变圆形为方阔，但其上唇，仍作人字形，不过两线开张，几乎成平直的了。此间最令人意想不到的，为陈文帝陵的石兽，其头部异乎寻常地繁复。装饰愈富丽，离开野兽的本形愈远，所以在这个石物的头上，完全呈现出一个极不合理的错综堆砌的混合物象。雕琢固然工致，以艺术眼光看来，亦不免失之颓废。

第三　翼部的形制，可分五种叙述：

（a）短翼而翼膊有鳞纹的——如宋武帝及陈文帝陵上的石兽。

---

①参看拙作前引文。

（b）短翼翼膊作涡纹而腹部复衬有羽翅纹的——如齐宣帝陵的石兽。

（c）短翼翼膊有鳞纹而腹部复衬有羽翅纹的——如齐武帝及齐景帝陵的石兽。

（d）四小翼拼成一大翼而腹部复衬有羽翅纹的——如齐明帝陵的石兽。

（e）简单的短翼而翼膊作涡纹的——如梁武帝陵的石兽。

上述各种翼翮的形式，其基本意匠亦来自汉代，例如翼膊有鳞纹。武氏祠石刻太古开辟一景内，飞龙飞马的羽翼，翼膊都作鳞纹。翼膊作涡纹，亦先行于汉代，宗资墓上的石兽即其一例。但六朝石物之装饰方面，比较汉刻丰富得多了。尤其可注意的，在短翼之外腹部复衬修长的翅羽纹，令人看了觉得翼子较大较厚，足以鼓翮飞翔；不像只有一片小翼，令人疑为只是一宗茸毛。此种伶俐的设计，可获得装饰以上的效果，故为此时代的一种特色。齐明帝陵的石兽，以四小翼拼成一大翼，虽似巧妙而意义殊觉薄弱，在我们看来，不过是一种装饰上的游戏。

还有可以比较的，是石兽的尾部、足部、胸部和臀部。有些石兽因为一半陷入土壤，看不见足部和尾部了。就看得见的来说，大抵其尾长垂，以尾端卷旋于足趾；足有爪，似狮子。至其胸部和臀部，各有花纹，随其装饰的特质而或精或粗地环缀着。但我们明白了头部和翼部的装饰，这些附属花纹，可以暂不细究了。雕刻的技巧，其间亦微有不同；如宋武帝陵的石兽用方刀法，齐武帝陵的石兽用圆刀法；而用圆刀法的最多。

其次说到辟邪，辟邪也为有翼兽，其特征颈短而阔，伸舌垂于胸次。兽身纹饰较麒麟为朴质，因此给予我们的印象，亦与麒麟完全不同。雕刻方面有用方刀法的，如梁安成康王墓的石兽，此种刀法可和宋武帝陵的石兽归入一类。有用圆刀法的，如梁鄱阳忠烈王墓的石兽及丹阳水经山下的石兽，此种刀法可和齐武帝陵的石兽归入一类。所有留存的诸辟邪，大同小异，未将基本形式改动，益以装饰朴实，变化较少；所以过分要把它们分别部居，似乎是不必要的。辟邪的形式和麒麟不同，亦即和汉宗资墓的石兽不同。更和高颐墓的有翼兽不同①。这样使我们生起一个感想：如果此种体制先行于汉代而现在统统遗失了，那末我们可以根据这些辟邪，推想汉代已失去的形式；如果此种体制为此时代新创的，那末我们可以明白，此时代的雕刻品不独以装饰华藻见长，却也有雄健朴实的表现。

现存石兽，无论为麒麟或为辟邪，都有绝对年代可稽，这是对于我们作比较观察时为莫大之便利。惟此类石物产生于地域接近和风俗接近的条件之下，虽略有年代之先后，大抵后者抄袭前者，至多略加润色，所以中间没有强烈的变

①参看拙作前引文。

化。同时因人力物力的厚薄，也牵动到石刻技巧的精粗。所以要指出某朝的石物，有甚么特征，这也是很困难的。

陵墓以石兽为表饰，秦汉以来，已经盛行。秦物不可知，而汉代遗物，我们尚可看见；但汉代有翼兽之存于今日，就作者所知，只有宗资墓和高颐墓的石物。此二种石物其制又不一致，而六朝陵墓石兽与宗资墓的石物比较接近，可知其渊源于河南一带，其发展形迹可征验者也就在此。然作者深信，石物装饰的华美为六朝时期并且是南方的特色；即以文饰简朴的辟邪而论，也绝少含有蛮风而表露出南方优雅的调子。此与其时代浮靡享乐的生活相适应，亦为其时代艺术的一般倾向；而我们在雕刻史上所不能轻轻放过的，也就在这一点上面。

有翼兽传自波斯，而远溯于亚述利亚[①]，自无疑义。但何时始传入中国，这是很成问题的。作者起初以为在汉代始有有翼兽，而且认为自汉代通西域后才输入的[②]，近读徐中舒先生关于古代狩猎图像的考证，知道在周代铜器上，已有有翼兽的刻纹，例如杕氏壶上面，分明刻着有翼兽作飞奔之势[③]。那末有翼兽的传入中国当然是很早。汉代所盛行的有翼兽，是否前代所遗留的，这也是耐人寻味的事情。

---

①今译为"亚述"。参看 R The civilzation of the East （the Near and Middle Kast）， NewYork 1931, P80—86, 126—133. 及拙撰前引文。

②参照撰前引文

③参看徐中舒《古代狩猎图像考》《国立中央研究院历史语言研究所集刊外编》《蔡元培先生六十五岁庆祝论文集》抽印本。

波斯有有翼兽，希腊和印度也有有翼兽，以至所谓斯鸠底①（Scythian）的艺术上，大夏②（Bactria）的艺术上都有有翼兽。所以作者的意见，有翼兽的输入不必从一个地方来的，也不必止是一次传入的。在中国未发现的古代艺术品中，一定还有许多有翼兽。而六朝陵墓上的有翼兽，可断言为渊源于汉代，故其形式与波斯的固然不同，与周代铜器上的亦复异致。我们更可断言，到了六朝陵墓上的有翼兽，已十足的中国化了。

关于有翼兽的名称，在上文我们称为麒麟，称为辟邪，原也依照史传的通传。此种野兽实与狮子相近，其足部有爪，即为明证。因为它或有一角的，或有双角的，我们可称它为桃拔或符拔③，似觉妥当些。去年作者到曲阜孔林，见石刻有翼的独角兽，孔家的人说，历世相沿，称为角端。按此名称亦颇有来历：《汉书·司马相如传》，麒麟角端，注角端似牛，其角可以为弓。《后汉书·鲜卑传》，禽兽异于中国者，野马，原羊，角端牛，以角为弓，俗谓之角端弓者。《宋书·符瑞志·下》，角端者日行万八千里，又晓四夷之语，明君圣主在位，明达方外幽远之事，则奉书而至。《元史·太祖本纪》，十九年甲申……帝至东印度国，角端见，

---

① 今通译为"斯基泰"。
② 今译为"巴克特里亚"。
③ 关于此点拙撰前引文中曾略引证。本报告内朱谒先先生撰有《天禄辟邪考》，详论其事，惜作者草此文时，朱先生文已付排，不获参考为憾。

班师。就其角可为弓而论，六朝石兽的角，皆修长而向后弯曲，或部分的与此种野兽有关。

在外国，除了神话中有特殊意义的，如希腊的有翼马称为Pegasus（按《山海经》内的有翼马叫做天马）外，其他大抵因野兽的本形而称为有翼狮，有翼马，有翼牡牛等等。西方尝称六朝陵墓上的有翼兽，为"有翼的希美辣"（Winged Chimaira）[1]，按希美辣为古代中部意大利哀脱罗利亚[2]（Etruria）的铜雕物，今保存于浮罗冷嵫[3]（Firenze）的博物院，作者曩年旅游该地，亲见其物。其物前身是狮子，背脊的中部昂起一头山羊，其尾为一长蛇，乘势折回而咬住山羊之角。审其体制，似和六朝石物无干；西伦云云，乃亦暂定之称谓。

三 碑 饰

六朝陵墓石迹中，残存最少的是碑版，现在所看见的，只是梁临川靖惠王墓碑，梁安成康王墓碑及梁始兴忠武王墓碑三种。对于文字方面，本报告内朱谒先先生别有论述，这

---

① "希美辣"，今译为"喀迈拉"。参看O. Siren：Winged Chimaeras in Early Chinese Art. Easten Art. October 1928.
②今译为"伊特鲁里亚"。
③今译为"佛罗伦萨"。

里只将碑的外面形式，略加叙述。为便利起见，也分碑首，碑侧及龟趺三方面陈述。

甲　碑首　碑首都作琬首形，双龙交辫，环缀于石脊，中有方框刻丈，框下有穿孔。此种形式渊源于东汉。西汉的碑尚作圭首，到了东汉中叶以后，变至琬首。初用重晕，制作较简，后渐有作螭龙相交之状[①]。就其方框刻文并凿有穿孔而论，尚存汉北海淳于长夏君碑，孔府君碑及郑季宣碑的遗意。惟石脊上环缀交辫的双龙，与汉制不同。此为南北朝刻碑的一般趋势，现存北朝碑碣尚多，多作龙矩势，即为交龙之纹；尤其造象碑饰，华藻丰富，变化百出。上述碑首形式，似属南方流行的简朴的形式。

乙　碑侧　碑侧分为八格，刻鸟兽怪物纹样，今据临川靖惠王墓碑碑侧的拓本而观：第一格刻半人半兽的怪物；第二格刻双孔雀或为别种奇鸟（疑为印度雕刻中之鹅）；第三格刻形如虾蟆而为有翼的怪物；第四格刻双角飞兽，作奔驰空际之象；第五格刻药叉一类的怪物；第六格刻鼓翼的凤鸟；第七格又刻药叉一类的怪物；第八格刻飞马形状的怪兽。每格分际处刻忍冬花纹样。诸种物状都呈现出奇横生动之妙致，其刀法与神道石柱介础上的怪物浮雕如出一辙。碑侧的分格雕饰，殆亦盛行于南北朝；北朝碑侧多分格刻造像，即其特点。

---

① 洪适《隶续》卷五，所著录碑图，可参考，然因钩摹木刻，殊失原形。

丙　龟趺　刻一大龟，简朴有力，其刻法类诸辟邪。按汉碑中如柳敏碑，益州太守无名碑，单排六玉碑及没字碑等，碑下皆刻龟蛇[1]；惟白石神君碑，碑下有龟趺[2]，可知此制亦起于汉。龟趺大抵直写龟的形状，升其首，略作昂起之状。一直传到后世，除了纹饰略有变化外，其基本形式大致差不多的。所以《营造法式》第十六，有鳌坐写生的一条。

统观六朝陵墓石迹，最觉珍贵的是神道石柱和石兽。神道石柱虽传自汉代，而完全的形式不能不求于六朝陵墓；并且我们可于此窥见当时石造工事的一斑。作者疑神道石柱的形式受些阿育王石柱的影响，倘这种推测不是大谬，则此类石柱尤为吾人兴味之所寄托。其次，论及中国南北朝的雕刻，大都以佛像雕刻为主要材料；这一大宗石兽是佛教艺术以外的大作品。有了它们，上可以探讨汉代的石物，下可以观察唐代陵墓的诸种石兽；在贫弱的遗品中，使我们还有发展变化的线索可寻。所以这一大宗石兽的重要，亦是不言而喻的。最后，石物上附属的浮雕也很宝贵的，如神道石柱介砌上的浮雕，柱础角石的浮雕及碑侧的浮雕；倘使我们有兴致，还可以把它们和汉代的石刻画像作比较研究，用以明了浮雕的发展情形。也可以从这些浮雕里玩味当时绘画上动物和鬼怪的风格。

　　　　　　　　　　二十四年，六月，十日，南京。

---

[1]参看洪适前引书卷五碑图。
[2]见牛运震《金石图说》，白石神君碑图。

驳晋温峤墓在幕府山西说

朱希祖

　　近人陈诣勋撰《新京备乘》三卷，其陵墓类有晋赠骠骑将军温忠武公峤墓，据《江宁府吕志》，谓在幕府山西，并附录陈麟书《重修温峤墓碑记》，亦据《上江两县志》，谓在幕府山西，余读《晋书·温峤传》，知其说非是，兹先将二陈说列下，再将驳语著于下：

　　《新京备乘》云，晋赠骠骑将军温忠武公峤墓在幕府山，《江宁府吕志》，初葬豫章，朝廷思之，乃为迁葬幕府山，《同治上江志》云，幕府山西，温峤墓在焉。

　　诣勋案清光绪己亥，先振威公权金陵营参将，署在幕府山麓，距江滨二里，辛丑夏大水，没岸三尺，沿江通路冲没，水退饬工修葺，见所用砖，外多泥痕，砖长质细，有麻布纹，据金石家言，砖有麻布纹者，当为魏晋时代物，诘以所由来，则知由署后约百武古阜所得者，当如其地履勘，古阜约六七尺高，穹形顶已划削，立禁工人，毋得侵取，检查府志，墓在幕府山西，并招访距墓约五里许有业农温姓者，询称相传此阜为其远祖之墓，惟代远无可征，盖经洪杨之役，坟已迭遭划毁矣，先公慨之，比即呈明大府，捐廉重修。垒甓增高，并树碑表记，逾年有粤籍温秉忠者，侨宦是邦，亦为温公后裔。稔知其事，因至上海同族中广稽谱牒，亦记有墓在幕府山之文，是则官书私乘，合符足征，景行匪遥，弥深向往，谨附录碑记于下，以备异日考古之助云尔。

附录《重修晋骠骑将军温忠武峤墓碑记》

窃维阐发幽光，所以复前朝之古迹，表扬忠荩，可以感季世之人心，而况勋德著于史编，姓氏昭人耳目者乎。麟书自己亥岁，调摄金陵营，三四年来，幸汛境谧静，每于训练余闲，循览营署左近，斜阳古道，枯树寒烟，未尝不感慨系之，父老告予曰，公知晋温骠骑将军峤墓，即在营署之后乎，某乍闻，心怦怦动，因忆曩岁营中诸健儿掘地，获古砖，质坚制朴，剥蚀斑驳，断纹苔锈，决非数百年物，因父老言疑得毋即温公墓耶，乃悉心谘访，询其遗裔，得证流传。按《上江两县志》书云，幕府山之西，温公墓在焉，府志则谓初葬豫章，朝廷思之，乃改葬此，今所获正幕府山麓，然则斯为温公藏骸之所，确乎无疑矣。慨思公生当典午陵夷，偏安江左，五胡乱夏．而又有祖约苏峻之变，公能与陶侃王导辈安内攘外，卒平苏祖而拒诸胡，忠义烁于当时，厥攻甚伟，今代远年湮，茔兆夷于榛莽．荒烟蔓草，樵牧陵践，麟书凭吊歔欷，尽焉伤恻，爰牍吁上游。自愿捐资为表墓道，并立碑碣，负土增高，培其马鬣，事咸牒乞大府饬令有司立案，且谕禁樵采，俾后之景仰公者，来谒墓前。不迷向往焉，光绪二十八年壬寅夏调署长江水师金陵营参将陈麟书谨识。

希祖案《晋书·温峤传》，峤与王导、郗鉴、庾亮、陆晔、卞壶等同受顾命，时历阳太守苏峻，藏匿亡命，朝廷疑之，征西将军陶侃，有威名于荆楚，又以西夏为虞，故使峤为上流形援。咸和初，代应詹为江州刺史，持节都督平南将军，镇武昌。苏峻反，峤屯寻阳，及京师倾覆，庾亮来奔，宣太后诏，进峤骠骑将军，开府仪同三司，固辞不受。于是要陶侃同赴国难，奉侃为盟主，遂破贼石头军，天子奔于峤船，时陶侃虽为盟主，而处分规略，一出于峤，及贼灭，拜骠骑将军，开府仪同三司，加散骑常侍，封始安郡公，邑三千户，朝议将留辅政，峤以王导先帝所任，固辞还藩，至镇，未旬而卒，帝下册书追赠公侍中大将军，持节都督刺史如故，谥曰忠武。初葬于豫章，后朝廷追峤勋德，将为造大墓于元明二帝陵之北，陶侃上表曰："故大将军峤，忠诚著于圣世，勋义感于人神，非臣笔墨所能称陈，临卒之际，与臣书别，臣藏之箧笥，时时省视，每一思述，未尝不中夜抚膺，临饭酸噎，人之云亡，峤实当之，谨写峤书上呈，伏惟陛下既垂御省，伤其情旨，死不忘忠，身没黄泉，追恨国耻，奖臣戮力，救济艰难，使亡而有知，抱恨结草。岂乐今日劳费之事，愿陛下慈恩，停其移葬，使峤棺柩，无风波之危，灵魂安于后土。"诏从之。其后峤后妻何氏卒，子放之便载丧还都，诏葬建平陵北，并赠峤前妻王氏及何氏始安夫人印绶。

据《晋书》本传，峤葬于豫章，虽将为造大墓于元明二帝陵之北，以陶侃上表谏阻未迁葬，惟峤后妻葬于建平陵北，此云温峤墓，一误也。

唐许嵩《建康实录》，晋元帝葬建平陵，在鸡笼山之阳，不起坟，明帝葬武平陵，在鸡笼山之阳，不起坟，穆帝葬永平陵，在幕府山之阳，起坟。宋张敦颐《六朝事迹编类》，引《舆地志》，鸡笼山在覆舟山之西二百余步，其状如鸡笼，因以为名。又引《寰宇记》云，在城西北九里，西接落星涧，北临栖玄塘。又引《寰宇记》云，幕府山在城西北二十里，东北临直渎浦，西接宝林山，南接蟹浦。《晋书》本传言将起大墓于元明二帝陵之北，则在鸡笼山麓也；峤后妻何氏之葬在元帝建平陵北，则仍在鸡笼山麓也，与幕府山远隔十余里，此云在幕府山西，二误也。

误以温峤墓在幕府山者，始于唐许嵩《建康实录》，《建康实录》卷七，成帝咸和四年四月乙未，骠骑将军开府仪同三司江州刺史始安公温峤薨。初葬豫章，朝廷追思之，乃为造大墓，迎还葬元明二陵北幕府山之阳。考嵩既云元帝葬建平陵，陵在今县北九里鸡笼山之阳不起坟《建康实录》卷五，又云明帝葬武平陵，在县城北九里鸡笼山阳，与元帝同同上书卷六，又云穆帝葬永平陵，在今县城北十九里幕府山之阳，周四十步，高一丈六尺同上书卷八，则云峤葬元明二帝陵北幕府山之阳，岂非自相矛盾？盖幕府山当为鸡笼山，传写者偶误耳。嵩如云在幕府山之阳，当云葬穆帝陵北幕府山之阳乃可，不然相去十余里，何必云元明二陵北也，故幕府山三字，未必为许嵩原文，惟云温峤还葬，则嵩未读陶侃之奏及帝从之之诏，是其误也。

　　许嵩《建康实录》，但云峤墓在幕府山之阳。山阳者，山南也。至宋张敦颐《六朝事迹编类》卷六引《图经》云，宋明帝高宁陵在幕府山西，温峤亦葬山西。是误以温峤墓在幕府山西者，始于宋《建康图经》，此误之又误者也。《江宁府吕志》及《上江两县志》，与陈麟书之《重修温峤墓碑记》，陈迺勋之《新京备乘》，皆沿此误者耳，即温氏家乘，亦尝沿唐之《建康实录》宋之《建康图经》，误认他人之墓为其祖宗之墓，甚可笑也。可见考证古事，若不推本最初记载，详其始末，但据后世以误传误之说，而信以为真，未有不受古人之欺者也。

　　考幕府山西，惟有晋王导墓，唐李吉甫《元和郡县志》卷二十六，晋王导墓在县西北十四里幕府山西，陈麟书于光绪间在幕府山西发现魏晋古砖，盖或为王导墓也。《六朝事迹编类》卷十三宋明帝陵条云，《建康实录》，宋明帝葬高宁陵，隶临沂县幕府山西，与王导坟相近。今山前有坟垄，晋穆帝陵在山南，或以西为明帝之坟。又卷六幕府山条引《图经》云，宋明帝高宁陵在山西，王导温峤墓亦在山西。案《建康实录》卷十四，仅言宋明帝葬幕府山高宁陵，未尝言幕府山西也。李吉甫《元和郡县志》卷二十六，宋明帝高宁陵在县北十九里幕府山东南。许嵩、李吉甫皆唐时人，离宋较近，其言较可信，《图经》等书，信俗说而背传记，学无根柢，不足信也。

中华民国二十四年五月一日作于青溪。